DES

TRAVAUX LÉGISLATIFS

ET

DES RÉSULTATS POLITIQUES

DE LA SESSION DERNIÈRE.

Quod magis ad nos
Pertinet..... agitamus.
(Horat.)

PARIS,

CHEZ TOUS LES LIBRAIRES.

1844.

Paris. — Imprimerie de SCHNEIDER et LANGRAND, rue d'Erfurth, 1.

Depuis un siècle bientôt, une manie funeste
s'est emparée de nous, et nous a jetés dans les
plus déplorables expériences, qui ne nous ont
pas guéris : l'amour des théories nous possède.
Les théories, en effet, ont de merveilleux attraits
pour un peuple doué d'une intelligence vive et
passionnée, d'une imagination brillante : quoi
de plus séduisant qu'une constitution construite
à priori sur des principes rigoureux, dont toutes les parties sont parfaitement coordonnées,

où tous les pouvoirs, exactement définis, se balancent sans se heurter, où toutes les difficultés sont prévues et d'avance aplanies !

Une constitution semblable n'a qu'un défaut, celui du cheval de Roland, qui réunissait les qualités les plus rares, mais qui... était mort.

C'est pourtant cette chimère qu'on a si longtemps poursuivie. Pour l'atteindre, on s'est perdu dans tous les vains essais d'institutions métaphysiques ; on s'est emporté jusqu'à mettre la force au service des idées, jusqu'à appeler la tyrannie la plus brutale en aide à la liberté. Il n'est résulté de tous ces essais, de toutes ces luttes, que des ressentiments amers, et une altération profonde de toutes les saines notions du bien et du mal, du juste et de l'injuste.

Les meilleures lois pour un peuple, le bon sens le dit, sont celles qui prennent pour base ses mœurs, ses croyances, ses habitudes, ses préjugés même ; qui soudent, par le présent, le passé à l'avenir ; qui réparent au lieu de dé-

truire; qui corrigent au lieu d'effacer; que la
sagesse des temps amène avec lenteur, et qui
ne sont pas le fruit hâtif et passager de l'imagination.

Le *criterium* d'un bon gouvernement, tel que
l'exigent les progrès de la civilisation, la marche des esprits, le caractère même de notre
nation, c'est de constituer, d'organiser le
pouvoir et la liberté dans cette juste mesure
qui laisse au bien toute latitude, avec de suf-
fisantes précautions contre le mal; d'ouvrir
une vaste carrière aux efforts variés de l'intelligence; de se prêter au développement de
toutes les facultés, de toutes les forces vitales
d'un peuple.

Si notre système de gouvernement n'est pas
dans ces heureuses conditions, du moins il en
approche. Il a ses imperfections, sans doute,
quelles institutions n'en ont pas? Il a ses difficultés; mais ces difficultés provoquent et entre-
tiennent des luttes utiles, qui mènent au progrès; ces difficultés, ces luttes constituent,

qu'on nous permette cette expression, son mode d'existence, sa vie.

Cette vie se manifeste surtout, et prend un nouveau degré d'activité pendant les sessions : aussi rien de plus digne d'intérêt, rien de plus utile que l'exposé des débats et des travaux d'une session, rien de plus fécond en enseignements.

Le gouvernement représentatif, comme toutes les choses humaines, doit être jugé par ses résultats.

Nous avons dit plus haut quelle était la mission des institutions politiques. Celles qui manquent à cette mission sont mauvaises ; il faut les corriger. Le temps des gouvernements de culte et de mystère est passé. La monarchie doit être et demeurer immuable dans un grand pays ; mais c'est une singulière intolérance, une insolente prétention que de prétendre, au nom de la liberté, étendre ce privilége à tout le reste.

SESSION DE 1843-44.

—◦✕◦—

Nous croyons devoir indiquer d'avance la marche que nous suivrons dans cet exposé rapide des travaux et des résultats de la session.

Nous mettrons en première ligne, pour leur importance, sinon pour leur utilité réelle, les questions purement politiques.

En second lieu, nous nous occuperons des lois, soit politiques, soit administratives, soit d'intérêt matériel; ces dernières si utiles, si urgentes, que le pays réclame avec une impatience à laquelle il est temps qu'on fasse droit.

Nous nous permettrons quelques observations sur des abus, dont tout le monde se plaint, et que nul ne s'occupe à corriger; sur des innovations qui promettaient beaucoup, et qui n'ont rien donné.

Nous finirons par quelques aperçus sur l'état des partis, sur leur valeur réelle, toutes choses qu'il est bon de tirer d'un vague prémédité, favorable aux malentendus, et qui sert de prétexte aux transactions.

Questions politiques.

DISCUSSION DE L'ADRESSE.

La première question, par son importance et par sa durée, et qui devrait être la seule, c'est la discussion de l'adresse. Elle a été cette année plus vive, plus orageuse qu'on ne s'y attendait. Mais il ne faut pas s'en étonner. Dans ce pays si impressionnable, si mobile, si soudain dans ses emportements, il faut accorder un grand rôle, laisser une large part à l'imprévu.

Le calme le plus profond, le plus durable en apparence est tout à coup interrompu par des tempêtes; et, par une compensation nécessaire, ces tempêtes s'apaisent avec la même facilité, pour reparaître bientôt d'une façon inattendue : et toujours ainsi. Les chefs d'une nation telle que la nôtre doivent, comme les pilotes qui naviguent sur une mer sujette à de violents caprices, avoir toujours la main au gouvernail, et l'œil fixé sur l'horizon.

Le ministère se présentait aux Chambres, non point avec des promesses, qui trouvent toujours des incrédules, mais avec des résultats heureux, qui désarment la mauvaise foi ; la tranquillité matérielle rétablie, les factions réduites à l'impuissance ; le calme remis dans les esprits malgré les agitations factices de la presse ; le commerce et l'industrie, qui vivent d'ordre et de sécurité, se livrant à une activité nouvelle, inconnue ; les dispositions des puissances continentales favorables ; l'Espagne délivrée d'un pouvoir usurpé, sans appui dans la nation, sans lumières, qui avait conquis la haine sans inspirer la crainte, né de l'épée et périssant par l'épée ; enfin l'irritation, produite entre la France et l'Angleterre par le traité du 15 juillet 1840, changée en une bienveillance réciproque, et les difficultés, suscitées par les affaires d'Orient, aplanies.

En présence de ces faits, et les faits sont d'intraitables logiciens, la controverse était difficile. Il a donc fallu recourir à des généralités vagues, à des raisonnements subtils, à des assertions sans preuve.

On a reproché au ministère de manquer de
force dans la Chambre et par suite d'indépendance
dans les conseils de la couronne. Cette influence
dans la Chambre ne peut s'acquérir, dit-on, qu'à
l'aide d'une majorité imposante par le nombre ;
mais cette majorité comment la former ? au moyen
du procédé suivant, ignoré jusqu'à ce jour.

Amener un compromis entre les opinions modérées de la Chambre, rapprocher et mettre en
un commun accord le parti conservateur, le centre gauche et une certaine portion de la gauche.
Ces partis diffèrent en beaucoup de points, il est
vrai, mais ils s'accordent en quelques-uns, et c'est
par ceux-ci qu'il faut les rapprocher. La recette est
simple, mais l'application nous en paraît difficile.

Et d'abord, cette fusion d'opinions si diverses
ne pourrait s'opérer qu'au moyen de sacrifices ré-
ciproques ; chacune s'efforcerait d'en faire peu et
d'en obtenir beaucoup, et ceci déjà serait une lutte
sourde et continue.

Ensuite, si un désaccord de principe existe, il
s'appuie sans doute sur de puissantes raisons,
qu'il faudrait détruire, et l'on doit croire, pour
l'honneur de notre pays, que l'élite de ses citoyens
ne change pas ainsi, en un jour, toutes ses convictions. La déconsidération, le mépris feraient justice d'une pareille instabilité.

Mais supposons cet accord opéré, et vous voyez

à quel prix, serait-il durable? Il faudrait pour cela éviter avec soin jusqu'aux moindres questions, qui pourraient remettre au jour, ramener au combat tous ces dissentiments dissimulés ou apaisés pour quelque temps. Et ce système de ménagement, de tactique timide, fût-il possible, serait-il compatible avec la force que vous cherchez?

Vos idées se heurtent donc à tout moment aux impossibilités et aux contradictions, dans la spéculation seule, que serait-ce dans la pratique? Si vous répondiez que c'est là pourtant ce que vous avez fait en 1840, nous vous dirions que l'expérience a été courte, et que cette majorité qui ne vous a accordé qu'un appui douteux à la fin d'une session, revenait avec des dispositions telles, que vous n'avez pas osé l'attendre.

Ainsi cette théorie ne vaut rien en principe, et l'application, si elle était possible, ne serait qu'un marché de dupes, une alliance hypocrite, sans dignité, sans honneur, sans durée.

Un ministère sera dans les conditions du gouvernement représentatif, il aura force et autorité lorsqu'il s'appuiera sur des convictions vraies, manifestes et fermes; lorsque sur toutes les questions politiques, les questions de cabinet, la majorité lui sera acquise, quand même elle se séparerait de lui sur des questions secondaires. Le gouvernement représentatif est ennemi de toute obéissance passive et invariable, et partout où il y a discussion, quelques dissentiments passagers sont inévitables. Le ministère actuel a eu la majorité dans toutes les questions politiques, c'est là l'essentiel, et cela suffit.

Avec cette théorie de l'opposition tombe le reproche général de faiblesse adressé au ministère; car la théorie venait à l'appui de ce reproche comme un argument, et l'argument est reconnu mauvais de tout point.

On s'est alors rejeté sur des faits sans importance : on a recherché avec soin jusqu'aux plus petits; on les a groupés, condensés avec art; on s'est efforcé de suppléer à la qualité par la quantité; et néanmoins on n'a pas été, on ne devait pas être plus heureux.

Qu'importe en effet que le ministère et la majorité ne se soient pas accordés sur la loi des monnaies et sur quelques dispositions de la loi des sucres? Ce dissentiment momentané devait-il entraîner la retraite du cabinet? Il y a quelque chose de puéril dans une telle prétention.

On a ressuscité également l'éternelle question du droit de visite, qui commence à s'user d'ennui; ce sont là de ces comédies qui ne peuvent réussir longtemps. Le droit de visite n'a été qu'un instrument de guerre, assez habilement mis en œuvre, en 1842, il faut en convenir. L'opposition, à cette

époque, a exploité des passions qu'il ne faut pas
appeler nationales, mais populacières, passions
étroites, mesquines, funestes, un patriotisme faux,
batailleur et provoquant, une jalousie sauvage contre une nation voisine. A cette heure le droit de
visite a fait son temps. Ce n'est plus qu'une de ces
armes émoussées et rouillées, qu'on admire pour
l'usage qu'elles ont eu, mais dont personne ne
voudrait se servir.

Aussi la discussion a-t-elle été courte et froide.
Le ministère s'est contenté de répondre que les
négociations étaient entamées selon le désir de la
Chambre; que des négociations pour l'abolition
d'un traité étaient chose délicate et difficile; que
ce traité touchait au sentiment national et religieux
du peuple anglais, c'est-à-dire, à ce qu'il y a de
plus tenace en tout pays, en Angleterre surtout :
qu'il fallait donc attendre.

L'opposition s'est élevée, avec une grande viva-
cité, contre ce qu'on a appelé « l'entente cordiale
« avec l'Angleterre. Le ministère est l'esclave du
« gouvernement anglais; il met la France à sa merci,
« il se traîne à sa suite; il oublie les humiliations de
« 1840, etc. »

Un pareil langage est plus fâcheux pour ceux
qui le tiennent que pour ceux à qui il s'adresse,
et ces calomnies honorent. Le cabinet anglais de
nos jours n'est plus celui qui a fait le traité de

1840 ; il a remplacé ce dernier, et il professe des principes tout opposés. Fallait-il se venger sur M. Peel de l'animosité puérile de lord Palmerston?

On n'a point fait d'alliance avec l'Angleterre. On s'est trouvé forcément en relation avec elle, dans plusieurs pays, où les intérêts des deux peuples exigeaient un commun accord. Fallait-il trahir ces intérêts par un chétif esprit de rancune pour des torts anciens déjà, et qu'on cherchait à effacer? Une telle conduite eût été absurde autant que ridicule.

En Espagne, la France et l'Angleterre s'étaient combattues en une rivalité sourde, qui avait entraîné ce malheureux pays à deux doigts de sa perte, sans aucun avantage ni pour l'une ni pour l'autre. L'erreur réciproque a été reconnue, et dès ce moment l'esprit d'hostilité a dû cesser. Le mariage de la jeune reine était une question très-délicate. Le choix d'un prince français aurait trouvé d'insurmontables obstacles , et n'aurait offert que des avantages fort problématiques; l'histoire enseigne quels malheurs sans compensation résultent de ces unions trop étroites entre deux nations. Nous avons donc renoncé à toute prétention, mais en faisant des exclusions que l'Angleterre a acceptées. Les intérêts commerciaux ont aussi été d'un commun accord réservés.

En Orient, le rôle de la France était tracé d'avance, c'était de suivre sa politique nationale et de

tradition : maintenir l'intégrité de l'empire otto-
man, protéger les populations chrétiennes, et ne
pas souffrir que cette double protection fût usur-
pée par l'une des grandes puissances de l'Europe ;
l'Angleterre, avec les mêmes intérêts, a tenu la
même conduite.

En Grèce, de graves événements avaient eu lieu.
Un mouvement unanime avait obtenu du jeune
souverain de ce pays des concessions, qui limi-
taient son pouvoir, et changeaient un gouvernement arbitraire en un gouvernement libre. La
France et l'Angleterre avaient donné des conseils,
qui eussent prévenu ce qu'il y avait de fâcheux
dans ce changement. Si leurs conseils eussent été
suivis, la royauté aurait accordé libéralement et de
son plein gré ce qui a été exigé d'elle. Après l'événement, les représentants des deux pays se sont
concertés pour arrêter une impulsion qui pouvait dépasser le but, et leurs efforts, qui ne ten-
daient qu'à empêcher le peuple d'abuser de sa
victoire, et le prince d'en combattre les conséquences, n'ont pas été inutiles. Ainsi sur ces
événements si importants, accord de vues et de
conduite entre la France et l'Angleterre.

Nous omettons quelques questions très-secon-
daires, sur lesquelles la réponse, fondée sur les
mêmes motifs, fut aussi décisive et catégorique.

Cette entente cordiale, exprimée dans le dis-

cours de la couronne, existe donc : des faits nombreux, en Espagne, en Grèce, à Constantinople,
le prouvent. Ces faits mettaient en présence des
intérêts qui pouvaient être hostiles, et qui se sont
montrés amis. Que peut-on exiger de plus ?

Des hypothèses, soutenues de toutes les res-
sources d'un esprit souple et brillant, et d'aperçus
historiques fort contestables, ne peuvent prévaloir
contre la réalité des choses. On dit : l'Angleterre
s'est montrée l'alliée fidèle de la France jusqu'en
1836, parce qu'elle avait les mêmes intérêts que
nous : elle nous a quittés de 1836 à 1840, parce
que ses intérêts n'étaient plus les nôtres. Ces assertions ne sont pas à l'abri de toute objection ;
mais faut-il en conclure que, depuis 1840, l'accord de l'Angleterre, que nous n'avons pas cherché, manque de sincérité ? Le plus simple bon
sens dit le contraire.

Le ministère tory, dit-on encore, n'aime pas la
France ; notre révolution, le gouvernement qui en
est sorti blessent tous ses principes, froissent
toutes ses vieilles sympathies. Rien de plus étroit,
de plus faux que toutes ces idées. Est-ce que la
politique vit ainsi de vieilles rancunes ? Est-ce
qu'un grand et puissant parti comme celui-là,
aussi rompu aux affaires ; est-ce que des hommes
d'un esprit aussi éminent, aussi positif, se con-
damnent à l'immobilité ? En Angleterre, comme

dans les autres pays, plus que dans les autres pays, de profondes modifications ont transformé, déclassé les partis. Ne voyez-vous pas les whigs de nos jours se dire les continuateurs de Pitt, et leurs adversaires invoquer le grand nom de Fox?

Non, deux grandes nations ne se tiennent pas ainsi, par de frivoles motifs, dans une sorte de bouderie réciproque. Et lorsqu'elles se rapprochent, sous l'influence de puissants intérêts communs, de conformité dans leurs institutions, du noble poste qu'elles occupent à la tête de la civilisation, c'est se charger d'un misérable rôle, que de chercher à ranimer, dans d'étroites vues d'ambition égoïste, des ressentiments calmés, d'aveugles animosités éteintes (1).

Nos ministres sont accusés d'abaisser la France devant l'Angleterre, et les ministres anglais de mettre leur pays à la merci de la France. Cet accord involontaire entre les ennemis des deux cabinets fait ressortir avec éclat toute l'injustice de ces récriminations usées.

L'opposition, en Angleterre, désire la guerre avec la France; elle l'a prouvé par le traité de

(1) Nous ne faisons ici que retracer les débats de la session. Ce que nous disons, ce que l'on disait de l'entente de la France et de l'Angleterre dans la discussion de l'adresse, demeure incontestable malgré les événements survenus depuis. Au reste, ce bon accord, un moment altéré, ne sera pas détruit, nous l'espérons. On verra plus bas, à l'occasion de Taïti, les motifs de notre confiance.

2

1840. L'opposition, en France, a les mêmes dé-
sirs secrets; mais elle les cache et s'en défend.
Elle manque de sincérité; et ce manque de sincérité la soutient pour le moment, en la condam-
nant à une éternelle faiblesse : c'est que tous les
esprits en Europe sont tournés vers la paix; c'est
que les rodomontades belliqueuses ont un certain
air arriéré qui touche au ridicule; c'est que les
rivalités anciennes ont cessé, et que des liens nouveaux, fondés sur de communs intérêts de bien-
être et de prospérité féconde, se sont établis entre
les peuples. Ils ne sont plus disposés à en venir
aux mains, à subir tous les désastres de la guerre,
pour élever sur des ruines sanglantes l'ambition
de quelques hommes, princes ou ministres. La
puissance s'est déplacée; elle ne tient plus à quelques lieues carrées ajoutées au territoire d'un État.
La suprématie s'acquiert par les nobles efforts de
l'intelligence, par le large développement des facultés humaines, par l'ingénieuse application des
immenses découvertes modernes.

Toutes ces discussions avaient été longues, vives, acharnées; l'opposition y avait déployé tous
ses moyens, grands et petits, l'intrigue active, une
modération feinte, l'éloquence des couloirs et celle
de la tribune; chacun avait eu et rempli son rôle;
M. Billaut, avec son argumentation étroite et subtile, son esprit de plaidoirie chicanière, sa faconde verbeuse qui en impose, et toutes les res-

sources de cette critique taquine qui n'épargne
rien et rapetisse tout; M. Thiers, avec sa facilité
merveilleuse, sa rare fécondité d'idées, toujours
séduisante malgré sa prolixité, ses vues hasardées
souvent, mais toujours ingénieuses; malgré tout,
le chef et son lieutenant avaient peu réussi. La
Chambre avait froidement accueilli des leçons
d'histoire hors de saison et arrangées pour les
besoins de la cause; des reproches dont le vague
ressemblait à des lieux communs déclamatoires,
enfin l'exposition embarrassée d'un système politique qui échappait à l'intelligence à force de s'a-
moindrir, et semblait plus appliqué à se cacher
qu'à se mettre au grand jour. M. Duchatel, par sa
parole nette et précise, empreinte d'une raison
ferme et d'une ironie spirituelle; M. Guizot, par
une argumentation vigoureuse, par une exacte et
lumineuse exposition des faits, avec ces grandes
vues, qui les expliquent, avec cet accent de con-
viction énergique et cette magnifique éloquence
désormais sans rivale, avaient, sur toutes les
questions, obtenu des succès éclatants et décisifs.

L'opposition avait donc complétement échoué
dans une discussion sérieuse, modérée, convena-
ble. Le ressentiment amer de ces échecs l'emporta
jusqu'aux violences les plus inouïes. Elle alla chercher, dans les tristes annales d'une autre époque,
une de ces scènes scandaleuses de désordre et

d'emportement révolutionnaires, qui sont la honte même de la Convention.

La manifestation légitimiste de Belgrave-Square avait été pour M. Berryer l'objet d'explications fort embarrassées, qui n'avaient satisfait ni les autres, ni lui-même. Un discours terne, médiocre, inintelligible à force de subtilité, n'avait servi qu'à signaler l'éclipse presque totale d'un orateur autrefois si heureux. M. Guizot, dans une réponse concise et ferme, n'avait point réfuté le député légitimiste, cela n'était point nécessaire; il n'avait châtié qu'en passant cette scandaleuse et cavalière violation de ce qu'il y a de plus respectable parmi les hommes ; il s'était appliqué surtout à faire ressortir, avec l'accent d'un chaleureux patriotisme et d'un ironique dédain, ce qu'il y avait de puéril et d'impuissant dans les agitations vaines d'une cause à jamais perdue, en présence d'une monarchie forte par son origine, par ses principes et par quatorze ans de luttes glorieuses contre l'anarchie sous toutes ses formes. Son discours était, avec modération, l'explication motivée du paragraphe de l'adresse, dans lequel un rhéteur du centre gauche avait introduit le mot flétrir. Cette expression, d'abord désapprouvée par les légitimistes seuls, bientôt envenimée par les subtiles interprétations de la presse, avait fini par éveiller les scrupules même d'une portion de la majorité. Alors, elle fut désavouée avec des distinctions hypocrites par celui même qui, quelques jours auparavant, se glorifiait de l'avoir trouvée : et le centre gauche, la gauche et l'extrême gauche, les légitimistes se coalisèrent pour susciter, à l'occasion du vote, sinon une crise ministérielle, au moins un grand scandale. Chacun eut son rôle dans cette indigne comédie : le centre gauche encourageait du regard, de son attitude hostile, de ses sympathies contenues. Aux autres étaient dévolus l'action, les cris, les trépignements, l'insulte. Il fallait une occasion, M. Berryer la provoqua.

Cet orateur, se débattant au milieu des embarras de la triste position qu'il s'était faite, s'avisa, pour en sortir, d'adresser à M. Guizot un mot que celui-ci eût pu dédaigner, *nullum cum victis certamen*, mais que son courage releva. Aussitôt qu'il parut à la tribune, des clameurs furibondes étouffèrent sa voix. Une heure se passa en interruptions continuelles, en apostrophes empruntées au langage des halles et des mauvais lieux. Cette tourbe ignoble d'avocats insipides, de médiocrités envieuses, d'eunuques politiques, de ridicules prétentions avortées, qui n'ont à leur service que les théories rapiécées et les odieuses traditions de 93, se soulevaient sur leurs bancs, beuglaient, écumaient. Le ministre se tenait à la tribune, intrépide, inébranlable, profitant de quelques rares instants de silence, pour jeter, à la face de ses

interrupteurs, de nobles et fières paroles, qui exas-
péraient leur rage. Ainsi demeura-t-il jusqu'à la
fin, portant un noble défi à ces passions basses,
écrasant de son impassible dédain tous ces furieux.

Ce qu'il y a d'incroyable, c'est qu'un homme,
qui a pris l'austérité compassée et pédante pour
enseigne, ne craignit pas de se mêler à cette orgie.
Il osa reprocher à M. Guizot une démarche qu'il
n'avait faite que dans l'intérêt du gouvernement représentatif et par l'impulsion des hommes les plus
justement considérés du pays, et les plus dévoués
aux libertés publiques. Lui qui, à la même époque,
volontaire royaliste enthousiaste, paradait par les
rues avec une énorme cocarde blanche, allait ver-
ser des larmes la veille du 20 mars aux pieds du
roi Louis XVIII; qui, plus tard, appelait la désas-
treuse journée de Waterloo le jour du salut; qui
recevait enfin, pour récompense de ses ardeurs
guerrières, la charge d'avocat aux conseils du roi,
vendue par lui 300,000 francs, au moment où il
venait de reconduire, hors de France, le frère de ce
roi, à qui il devait ce riche loyer d'un dévouement
si sincère et si reconnaissant. Certes, c'était bien à
cet homme qu'il appartenait de donner une consécration solennelle à la moralité politique!

Cette mémorable séance ferma la discussion de
l'adresse : celle du lendemain fut insignifiante.

L'opposition avait fait jouer tous les ressorts :
questions anciennes réveillées, questions neuves

soulevées, grandes et petites, théories politiques, attaques ouvertes, intrigues secrètes, personnalités violentes, calomnies odieuses, tout ce que la haine aveugle, l'ambition impatiente, la méchanceté implacable peuvent imaginer; et, ce qui ne s'était jamais vu, jusqu'à une émeute dans la Chambre, tout fut mis en œuvre, et tout cela fut inutile. Le ministère triompha, grâce au talent, au courage des ministres, à la loyauté et à l'appui inébranlable du parti conservateur. C'était une première lutte; l'acharnement qui s'y montra annonçait que ce n'était pas la dernière : on le verra bien par celles qui vont suivre et qui prendront la plus grande part d'une longue session, au grand détriment du pays, et sans autre avantage pour l'opposition, qu'une longue série de tentatives ardentes, toujours avortées.

Quelques jours après le vote de l'adresse, M. de Rémusat présenta une proposition, dont le but était d'exclure de la Chambre plusieurs classes de fonctionnaires publics. Cette mesure, cinq fois, sous diverses formes, soumise à la Chambre, avait toujours été repoussée. Ce qu'il y avait d'étrange en cette circonstance, c'est qu'elle fut soulevée par un ministre du 1er mars, lorsqu'il était de notoriété publique que le ministère du 1er mars, fort embarrassé d'une question semblable, l'avait, avec le courage dont il se pique, fait sournoisement *enterrer* dans les bureaux; le mot est resté. Mais la proposition n'était pas sérieuse et ne servit qu'à masquer une manœuvre qui ne tarda pas à se montrer, et qui coupa court soudainement à la discussion.

Il n'en pouvait être autrement, et il faudrait refuser jusqu'à la plus faible dose d'intelligence politique à d'anciens ministres, qui proposeraient sérieusement une modification aussi grave à notre code électoral. Aucune raison solide ne la justifie, et le plus simple bon sens, comme de hautes considérations politiques en démontrent l'absurdité et les dangereuses conséquences.

La loi des élections doit rester longtemps immuable dans tous les pays du monde, et surtout chez une nation si souvent soumise à tant de formes diverses d'institutions.

Une impérieuse nécessité pourrait seule justifier l'exclusion des fonctionnaires de la Chambre : et ni la nécessité ni l'utilité ne peuvent être alléguées sérieusement.

L'indépendance des fonctionnaires est généralement reconnue, et de nombreux et frappants exemples attestent que l'opposition n'est pas incompatible avec de hautes fonctions publiques.

L'exercice de ces fonctions prépare utilement à celles de législateur. En effet, qu'y a-t-il de plus profitable pour faire les lois, que d'être appelé à les interpréter, à les appliquer, à les exécuter tous les jours ; et d'un autre côté, quoi de plus utile pour

les appliquer sainement, que de les avoir faites. Les
fonctions de député initient à l'esprit de nos institutions, aux intérêts généraux du pays, agrandissent
les vues, et ajoutent à l'autorité du fonctionnaire,
celle qui s'attache au caractère parlementaire ;
ainsi la qualité de député et celle de fonctionnaire, loin de se nuire, s'éclairent et se fortifient
réciproquement.

Et puis, il ne faut pas isoler les fonctionnaires
du mouvement général, les rendre indifférents ou
étrangers au gouvernement constitutionnel. Ce
n'est là qu'un aperçu des graves considérations, qui
feront sans doute rejeter toujours une mesure semblable. Ce qui est curieux, c'est qu'elles appartiennent à M. de Rémusat lui-même, elles sont consi-
gnées dans un rapport fait par lui en 1840. Cette
circonstance devait nuire à sa proposition. On se
sent peu de confiance pour des hommes qui, à quatre années de distance, prennent le contre-pied de
leurs idées. Du reste, la discussion fut courte ou
plutôt il n'y en eut pas, et l'attention fut absorbée
par deux incidents, l'un imprévu, dont nous ne
parlerons pas, l'autre préparé d'avance et qui mé-
rite d'être signalé.

M. Thiers saisit le prétexte de la démission de
M. de Salvandy, pour diriger une de ces attaques,
qu'il semble chercher avec une sorte de prédilec-
tion, contre l'autorité royale. Ici comme toujours
il usa de cette feinte modération de langage, de

cette dextérité de parole, dont il se prévaut un peu trop peut-être. Son discours, qui n'était rien moins qu'un acte de courage, plut médiocrement à la Chambre. M. Guizot en releva sévèrement l'inconvenance en quelques mots, après quoi la proposition fut rejetée. Que M. Thiers y prenne garde. Il se lance dans une voie funeste. Il a la tête trop vive, et trop accessible peut-être aux enivrements de la flatterie. Malgré l'esprit d'égalité qui domine dans ce pays, il y reste toujours une raison saine, un bon sens empreint d'une certaine malice, qui tue l'outrecuidance par le ridicule. On rit depuis long-temps de certaines singeries napoléoniennes; on pourrait bien trouver burlesque l'ancien rédacteur du *Constitutionnel*, visant plus haut qu'un porte-feuille, et se posant insolemment l'adversaire d'un descendant de Robert le Fort.

Cette proposition avortée, une autre lui succède à l'instant même : *uno sublato, sufficit alter in locum.* Il n'y a point d'exemple d'un aussi âpre acharnement. L'opposition ne se tient jamais pour battue, et les mauvaises raisons ne lui font pas faute. Elle déploie une ingéniosité rare pour expliquer ses échecs; la question a été mal posée, il y a eu méprise; la majorité avait réuni toutes ses forces; plusieurs députés du centre ou du côté gauche étaient absents; le ministère a fait des concessions, et c'est à ces concessions qu'il doit un demi-succès, etc. Quand ces tristes arguments sont usés, on va jusqu'à attaquer le vote et accuser sourdement la partialité du bureau ou l'inexactitude de ses appréciations. C'est à ce dernier et pitoyable moyen qu'on eut recours après le rejet de la proposition de M. de Rémusat; et aussitôt, pour donner quelque crédit à ce mensonge, un député fort inconnu proposa le vote par division, en usage dans le parlement anglais; c'était là encore une question de cabinet : le ministère s'empressa d'accepter ce nouveau combat qu'il avait pu décliner, et auquel il dut un nouveau succès.

Taïti.

Battue sur toutes les questions de théories et de lois politiques, l'opposition saisit avec avidité un événement sans aucune importance réelle, et qui, dans toute autre circonstance, serait passé inaperçu. Elle l'exploita habilement, dans les journaux surtout; elle réussit, avec ses récits inexacts, échauffés par des déclamations, à irriter la susceptibilité nationale, jusqu'au point où les passions soulevées, les préventions aigries étouffent la discussion ou ferment les yeux à l'évidence;

ceci est, au reste, l'esprit et en même temps la tactique de l'opposition. Elle ne discute pas, elle agite; elle ne raisonne pas, elle déclame; s'il y a quelque préjugé étroit, elle le flatte; quelques passions basses, elle les fomente. L'amour de l'égalité, qui a besoin d'être réglé, elle le change en jalousie fougueuse de toute supériorité naturelle et légitime; d'une rivalité nationale, qui pourrait être une source d'émulation, elle fait une hostilité ardente qui appelle la guerre. Elle est essentiellement révolutionnaire, et c'est ce qui fait sa faiblesse; car, à l'exception de quelques brouillons turbulents, les peuples ont peu de penchant aux révolutions, et c'est un grand bien; mais revenons.

En novembre 1842, l'amiral Dupetit-Thouars avait mis sous la protection de la France l'île de Taïti. Un traité avait été fait, qui fixait les conditions, et posait les règles de ce protectorat. Ce traité reçut l'approbation du gouvernement. Un marin très-distingué, le capitaine Bruat, fut nommé gouverneur des îles de Taïti, et commissaire du roi près la reine Pomaré. Des missionnaires anglais résidant à Taïti avaient vu avec dépit ces pays passer sous la protection de la France, et cherchaient, par leur influence sur la reine, à entraver l'exécution du traité; leurs menées, leurs intrigues avaient suscité quelques obstacles; mais il n'y avait eu de la part de la reine et des chefs, ni résistance, ni refus, et les difficultés qui s'étaient présentées avaient été aplanies par la fermeté de deux lieutenants de vaisseau, restés dans l'île.

Tel était l'état des choses à l'arrivée de l'amiral en novembre 1843. Il apprit les obstacles que rencontrait l'exécution du traité, et s'en irrita. Un fait insignifiant accrut ces fâcheuses dispositions et les fit éclater en un acte de violence. Trois pavillons se trouvaient dans l'île : le pavillon français, celui du protectorat et le pavillon particulier de la reine ; celui-ci était, disait-on, un présent des Anglais. L'amiral vit dans la présence de ce drapeau une insulte : il ordonna à la reine de l'abattre, et sur son refus certainement légitime, il convertit le protectorat en souveraineté.

Tels sont, avec précision, les événements qui se sont passés à Taïti, ainsi qu'ils résultent des documents et de la discussion, et la mauvaise foi la plus entêtée n'oserait en contester l'exactitude.

En présence de ces faits, quelle pouvait être la conduite du gouvernement ? La prise de possession n'était ni juste, ni nécessaire, ni utile. Elle devait donc être désavouée, elle le fut. Mais cette décision, fondée sur de si puissants, de si invincibles motifs excita les cris de l'opposition : on devait s'y attendre. C'était une occasion nouvelle et inattendue de susciter une question ministérielle !

Les accusations abondaient, examinons-les rapidement.

Les missionnaires anglais n'avaient agi que d'a-
près les instructions de leur gouvernement : c'était
ainsi que l'Angleterre entendait pratiquer l'entente
cordiale.

Les ministres avaient mis huit jours à se déci-
der, afin d'avoir le temps de consulter le cabinet
de Saint-James. Une résolution immédiate aurait
prouvé leur indépendance.

D'autres accusaient le ministère de s'être décidé
trop tôt. Les documents qu'on avait reçus étaient
insuffisants : pourquoi prendre un parti avant d'en
avoir reçu de plus complets?

C'était une chose grave, une haute imprudence
que de condamner si précipitamment un brave
marin qui avait si énergiquement défendu l'honneur de notre pavillon. C'était frapper sans examen, en aveugle, la susceptibilité si fière et si
utile de nos hommes de mer; c'était les sacrifier
indignement aux exigences de nos ennemis. Tous
ces reproches étaient entremêlés d'une subtile et
captieuse interprétation des documents, et dûment assaisonnés de ces élans patriotiques hors
de saison, plus faits pour un parterre de petit
théâtre que pour une assemblée politique, mais
qui réussissent toujours, un peu, partout, dans ce
pays.

La réponse était facile.

Le gouvernement anglais avait déclaré, des l'o-
rigine, qu'il n'entraverait en aucune manière le
protectorat de la France. Les missionnaires n'a-
vaient reçu de lui aucun encouragement, et un of-
ficier de la marine anglaise, accusé d'avoir prêté
son appui à leurs menées, avait été rappelé.

Le second reproche était une de ces vieilles calomnies qui ne méritent que du dédain. Aucune
communication n'avait eu lieu, entre le cabinet de
Londres et celui des Tuileries, relativement aux
faits survenus à Taïti. Deux ministres anglais en
avaient fait la déclaration dans les deux chambres.

Les documents qu'on avait reçus suffisaient. Ils
prouvaient que le traité n'avait pas été violé par
la reine Pomaré; que notre pavillon n'avait reçu
aucune insulte; que celui de cette reine avait été
abattu; et que, sans aucun motif fondé, l'amiral
Dupetit-Thouars s'était porté à un acte de violence, à un abus de la force, que l'excessive faiblesse de ceux qu'il traitait en ennemis, laissait
sans excuse.

Il y avait sans doute quelque gravité à désavouer la conduite d'un marin distingué par ses
talents et par de longs et honorables services.
Mais enfin, si l'on voulait appeler sa faute une
erreur, il fallait, ou accepter cette erreur, la sou-

tenir, et s'exposer follement à toutes les chances périlleuses qu'elle pouvait ouvrir, ou la reconnaître et la réparer. Entre ces deux partis, n'était-il pas absurde de choisir le premier?

Un gouvernement n'est pas sans doute dans la nécessité d'approuver, toujours et partout, la conduite de ses délégués. Il doit, au contraire, les désavouer hautement, lorsqu'ils tombent dans quelque faute grave, lorsqu'ils se laissent emporter à des violences. C'est là son droit et son devoir. Le devoir de ses agents est de se conformer à leurs instructions; et lorsque ces instructions sont muettes, d'épuiser toutes les voies de la conciliation, et de ne recourir à la force qu'à la dernière extrémité. Ne sont-ce pas là des règles de conduite applicables à toutes les positions, mais bien plus étroites et plus impérieuses quand il s'agit des plus grands intérêts des peuples.

Rien n'est si aisé que l'emploi de la force, mais aussi rien n'est si rarement utile. Elle a un éclat, un prestige, qui flattent et séduisent. Les voies de la modération n'ont pas les mêmes avantages. Ses négociations exigent de la prudence, du sang-froid, des efforts soutenus; cela est plus difficile et moins brillant.

L'amiral Dupetit-Thouars ne pouvait être qu'un négociateur, il s'est conduit comme un marin. Il n'a pas compris son rôle.

Le but d'un établissement dans l'Océanie était de créer, dans ces vastes mers, une station pour notre marine. Dans cette vue, le protectorat suffisait; la souveraineté ne nous donnait rien de plus que des embarras et des dépenses.

On le voit donc, aucun motif sérieux n'autorisait l'acte insolite, exorbitant de l'amiral Dupetit-Thouars.

Le gouvernement était dans la nécessité de le désapprouver. Les intérêts du pays, le respect de la justice, le but même de notre établissement dans l'Océanie, le devoir imposé à toute administration de maintenir la subordination parmi ses agents, dictaient la résolution qu'on avait prise. Le ministère avait donc agi sagement, justement, et dans une pleine indépendance.

Ces raisons étaient péremptoires : elles furent présentées à la Chambre par M. Guizot, dans ce langage élevé, avec cette noble et ferme éloquence qui impose l'admiration à ses ennemis les plus opiniâtres, et firent écarter, à une majorité considérable, un ordre du jour motivé, que l'opposition avait lancé, contre son habitude de tactique fort circonspecte, dans un accès de témérité étourdie. Il est vrai que, cette proposition hardie faite la veille, le lendemain elle aurait voulu la retirer. Mais le repentir arriva trop tard; et elle ne put éviter l'amer déboire de voir son triomphant

3

espoir se changer en une défaite éclatante.

Depuis que ces lignes sont écrites, de graves événements sont survenus à Taïti, et menacent la paix du monde. Le consul Pritchard, dont les intrigues avaient cherché à troubler notre protectorat, exaspéré par la prise de possession, que ces intrigues avaient provoquée, tenta de soulever contre nous les indigènes, et y réussit. C'était là un attentat des plus coupables, qui ne pouvait rester impuni : la répression ne se fit pas attendre, mais elle dépassa le but.

Le récit de ce qui s'était passé, fait, en Angleterre, par Pritchard lui-même, on peut penser avec quelle véracité, y a soulevé une grande irritation, dans cette sentine des nations, où se forment et s'agitent ces passions ignobles et violentes, qui transforment le patriotisme en une haine méchante, aveugle et brutale. De ces régions basses, cette irritation est montée plus haut, et jusqu'aux dépositaires mêmes du pouvoir. Le premier ministre a laissé échapper des paroles regrettables, auxquelles la modération habituelle de son langage a donné une grande importance. C'est une faute, d'autant plus fâcheuse, que sir Robert Peel est de ces hommes, qui n'en commettent jamais d'involontaires.

Nous n'entrerons ni dans l'examen, ni dans la discussion des faits. Les actes dont Pritchard s'est

rendu coupable ne passeraient impunis chez aucune nation. La punition a été accompagnée de
quelques circonstances violentes, on doit en convenir : si la désapprobation de ces rigueurs est de-
mandée, le gouvernement peut l'accorder, sans
manquer à sa dignité ni à celle du pays. Mais on
n'a rien à prétendre, et, nous en sommes sûrs,
on n'obtiendra rien de plus.

Nous ne pouvons croire à la guerre. Il serait
par trop étrange, que les deux plus puissantes nations du monde fussent jetées dans une lutte san-
glante par un fanatique missionnaire d'une reli-
gion sans nom, un diplomate burlesque comme
Pritchard, et une misérable reine sauvage, tous
deux, au sortir d'une orgie, s'emportant à tous les
excès de l'ivresse.

Est-ce que les destinées de l'Angleterre seraient
tombées aux mains des déclamateurs insensés
d'Exeter-Hall? Est-ce que l'avenir de la France ap-
partiendrait tout à coup à ces fauteurs de désordre,
dont l'impuissance se révèle chaque jour par leur
rage, et dont la rage n'excite plus que le dédain?

Fonds secrets.

Ce nouvel échec, le plus dur, le plus pénible de
ceux que l'opposition avait subis jusque-là, pro-

duisit un long affaissement; et la discussion de la loi des fonds secrets, toujours animée et souvent orageuse, fut pâle et insignifiante. La confiance n'était pas encore revenue : à peine si un membre du centre gauche, discoureur vaniteux, se hasarda-t-il, pour placer quelques phrases prétentieuses, à proposer timidement une diminution de 50,000 fr. sur le million demandé : le discours eut peu d'auditeurs, et l'amendement n'eut qu'une voix.

Cette discussion ne fut signalée que par une amplification oratoire de M. de Lamartine, dans laquelle il s'efforça vainement de ranimer des questions usées et discréditées, amalgamant, d'une façon indigeste et confuse, la révision de la loi des fortifications et des lois de septembre, la réforme électorale, et l'indemnité pour les députés; disant à tous les partis, à ses nouveaux amis surtout, de ces dures vérités qu'aucun ne supporte, et dont il serait sage de garder une bonne partie pour soi.

M. Dupin eut au contraire le talent d'obtenir une approbation unanime dans une improvisation, sur les prétentions nouvelles et les menées un peu trop bruyantes du clergé, improvisation nette, incisive, pleine de verve et d'éclat, où le savoir se trouvait uni à l'éloquence, et la modération du langage, à la vive et frappante justesse des idées.

Crédits supplémentaires.

Les questions politiques semblaient épuisées. Jamais l'opposition n'avait été si ardente, ni si acharnée, jamais elle n'avait éprouvé des échecs si nombreux et si décisifs. Une bonne partie de la session s'était écoulée et perdue dans ces luttes stériles : il était temps de passer à des travaux sé-rieux. Néanmoins un nouveau combat s'engagea plus tard, à l'occasion de la loi sur les crédits sup-plémentaires.

On s'y attendait peu. Mais l'imprévu, chez nous, ne doit jamais surprendre. M. Berryer entama la discussion par un immense discours qui embras-sait trop de choses et trop de petites choses. Il s'espaça dans toutes les mers jusqu'en des pays inconnus, de la Chine à la Nouvelle-Zélande, de Taïti à Montevideo, cherchant partout des griefs nouveaux contre le ministère. Ces vastes pérégri-nations n'eurent qu'un médiocre intérêt pour la Chambre, et l'orateur, en enjambant d'une séance à l'autre, ne réussit qu'à constater un double échec. Décidément M. Berryer n'est pas heureux en voyages. M. Thiers, en ami généreux, en allié naturel, vint à son aide; mais, plus adroit, il se restreignit, et concentra toutes ses forces sur

Montevideo. M. Thiers ne fut ni court ni précis, ce n'est pas son habitude, mais il fut, ce qui lui arrive souvent, ingénieux, habile, véhément, et il fit impression. Il y avait dans cette affaire une bonne veine de ces déclamations qui réussissent : il en tira parti.

L'Etat de Montevideo est, depuis plusieurs années, en guerre avec celui de Buenos-Ayres. Tout le monde sait ce que sont les nouvelles républiques de l'Amérique. L'anarchie et la tyrannie s'y succèdent sans cesse, avec le cortége de vengeances implacables et de cruautés sauvages. Là, comme ailleurs, la république perpétue la barbarie. Aux guerres civiles intermittentes, s'ajoute la guerre étrangère. Celle-ci a pour cause ordinaire et féconde, des contestations sur les limites du territoire ; et quelquefois les ressentiments de chefs ambitieux, qui, dépossédés du pouvoir, vont chez les ennemis voisins, chercher une armée contre la faction qui les a chassés. Les étrangers, qui se trouvent dans ces malheureux pays, ont à souffrir dans leur commerce, et quelquefois dans leur vie, de ces désordres intérieurs et de ces guerres d'Etat à Etat. Ils en souffrent d'autant plus qu'ils s'y mêlent souvent, ce qui les expose à être traités en ennemis par les vainqueurs, qui ne se piquent pas d'un grand fonds d'humanité.

Nos compatriotes ont plus d'une fois commis

cette faute, malgré les sages recommandations des représentants de la France, et se sont attiré, par leur folle impétuosité, des traitements fort durs, qu'il était aisé de prévenir, qu'il est presque impossible de réparer.

Des griefs légitimes avaient, pendant trois ans, suscité la guerre entre la France et le président ou plutôt le tyran de Buenos-Ayres. Cette guerre, forcément réduite à un blocus peu efficace, se termina en 1840, sous le ministère et selon les instructions de M. Thiers, par un traité qui assurait à tous les Français établis dans cet État l'exemption du service militaire, de tous les impôts extraordinaires, de toutes les taxes de guerre, et à ceux qui avaient éprouvé quelques pertes, une équitable indemnité. Dans ce traité, la France ne stipulait rien en faveur de Montevideo. Cela devait être, la guerre qui se poursuivait entre les deux États dépassant nos droits, et ne touchant en aucune façon à nos intérêts.

Cette guerre était alors très-vive, elle se poursuit encore. Quelques Français établis à Montevideo n'ont cessé d'y prendre la part la plus active, ils ont même formé une légion auxiliaire.

C'était une folie : ils l'ont cruellement payée. Mais ce qui est inouï, c'est que ces mêmes hommes, qui n'ont voulu écouter ni les conseils, ni les prières du consul français, rejettent mainte-

nant sur le gouvernement de leur pays les pertes,
les malheurs qu'ils se sont attirés, et qu'on a tout
fait pour détourner.

M. Thiers prit fait et cause pour eux : il étaya
leurs plaintes si injustes de faits inexacts, de dé-
tails empreints d'une partialité intéressée, et, dans
le tableau exagéré des malheurs de nos impru-
dents compatriotes, il s'emporta jusqu'au pathé-
tique larmoyant, qui ne lui va guère. Pour réfuter
M. Thiers, il suffisait d'exposer simplement les
faits et de tirer les conséquences. C'est là ce que
fit M. Guizot, et avec un grand succès.

Le traité que M. Thiers avait conclu lui-même
avec Rosas ne nous permettait pas de soutenir les
Montevidéens, et nous le défendait même : nous
n'y avions d'ailleurs aucun intérêt.

Le traité était bon, le gouvernement le jugeait
ainsi, et ce n'était pas à M. Thiers à critiquer son
propre ouvrage. Il en eut un moment la tentation,
mais il n'osa pas aller jusque-là.

Si le traité devait être annulé en faveur des
Montevidéens et pour eux uniquement, en 1843,
il eût fallu ne pas le conclure en 1840, alors que
la France, en guerre avec Rosas, eût au moins pris
en main sa propre cause.

Les Français établis à Montevideo ne devaient
prendre aucune part à une guerre où leur pays
n'avait ni intérêts ni alliés. Surpris les armes à la

main, devaient-ils s'étonner d'être traités en ennemis? Ils avaient méprisé les avertissements du
consul français, qui leur aurait épargné ces malheurs, et leur injustice lui adressait des plaintes,
au moment même, où il s'interposait entre eux
et des vainqueurs usant des droits de la guerre.

N'avait-on pas fait pour eux tout ce qu'il était
humainement possible de faire? Il y a des Français établis chez toutes les nations; s'ils venaient à
s'immiscer dans leurs querelles, faudrait-il que le
gouvernement allât partout soutenir par ses armes
leur étourderie? Ce serait là un rôle de casse-cou
politique qui nous rendrait la risée du monde.

M. Thiers avait menacé d'un blâme, il n'osa pas
même demander un vote. Il en est toujours ainsi,
les menaces du président du 1er mars, hardies la
veille, sont toujours modérées le lendemain par
une prudente retraite. Et cependant lui-même et
ses journaux ne parlent que de courage et de
franchise.

Telle est la longue série des questions de cabinet : elles ont pris une bonne part de la session,
elles ont usurpé la place de lois importantes que
le pays réclame, et fourni de continuelles excita-
tions aux passions politiques qu'il faudrait s'appliquer à calmer. Elles n'ont eu qu'un résultat
utile ; elles ont servi à constater la force du ministère et la faiblesse de ses adversaires, en met-

lant en relief les éléments de celte force et de
cette faiblesse.

D'importantes lois ont été commencées, la plupart sont restées inachevées. Au premier rang se
présentent les chemins de fer, celte grande affaire de la session. On s'attendait à des résultats
sérieux et définitifs : celte attente n'a été qu'im-
parfaitement remplie.

Lois des Chemins de Fer.

Les chemins de fer sont destinés à transformer
le monde. Il ne faut pas apprécier leur influence
seulement par le côté matériel, par l'impulsion
qu'ils donnent au génie de l'invention, au commerce, à l'industrie, à toutes les formes sous lesquelles se produit l'activité humaine : bien plus
grande encore doit être leur influence sur la civilisation, sur les relations des peuples, sur l'avenir
des sociétés.

Il n'est pas de nation qui se soit plus éprise que
nous de cette merveilleuse découverte, qui s'en
soit occupée avec plus d'empressement, qui en ait
parlé avec plus de pompe; il en est peu, qui en
aient moins profité. D'où cela vient-il? sur qui

en retombe le blâme? L'examen rapide des lois proposées dans cette session le fera voir.

Aussitôt que le mouvement causé par la révolution de juillet a commencé à se ralentir, la question des chemins de fer a été agitée. Cela a duré quelques années. On a examiné les divers systèmes d'exécution, on en a discuté longuement les avantages, les inconvénients; on a fait des études et.... des écoles. En 1838, enfin, le gouvernement ayant proposé de confier cette exécution à l'État, cette proposition a rencontré de nombreux adversaires, et, sous le coup de leurs objections passionnées, a été finalement écartée. L'année suivante, le système des compagnies, qui venait d'être ardemment préconisé, a, par un revirement soudain, subi le même sort. Il ne restait plus qu'un troisième système, participant à la fois des deux autres; il a été proposé, adopté, et définitivement arrêté dans la loi de 1842. On était autorisé à penser que cette loi avait clos irrévocablement la période des discussions, des essais, des irrésolutions. Il n'en est pas ainsi pourtant, et l'on fait des efforts pour y rentrer : nous espérons que ces efforts seront inutiles.

La loi de 1842, fait concourir à l'exécution des chemins de fer, par une combinaison heureuse, l'État, les parties du territoire que les chemins traversent et enrichissent, et l'industrie privée. L'État

supporte le tiers des indemnités dues, pour les
terrains et bâtiments à exproprier, pour les frais de
terrassements, les ouvrages d'art et les stations :
les départements et communes, ont à leur charge,
les deux tiers des indemnités; les compagnies, enfin,
la voie de fer, le matériel et les frais d'exploitation,
les frais d'entretien et de réparation du chemin,
qui leur sera donné à bail; ce bail doit être approuvé par une loi.

Rien de plus judicieux que cette loi, de plus
équitable, de plus conforme à l'intérêt public, a
celui des diverses parties du territoire.

Cette loi est pourtant en butte à de nombreuses
et ardentes attaques, suscitées par l'esprit de parti,
l'esprit de contradiction et les intérêts politiques,
enhardies par l'indécision de beaucoup d'esprits
et les préoccupations de quelques-uns; c'est de
là que ces objections tirent toute leur force. En
elles-mêmes, elles n'ont aucune valeur. Examinons-les.

Avant tout, une observation générale se pré-
sente : la loi de 1842 existe, il faut donc s'y conformer. Vous dites qu'elle est mauvaise, et vous
en voulez une nouvelle. Mais, qui nous assure que
celle-ci ne serait pas, à peine achevée, aussi vivement attaquée par vous-mêmes. La loi de 1842
n'est certes pas une œuvre d'enthousiasme, ni de
légèreté. Les questions qu'elle résout ont été assez

longuement étudiées, examinées, approfondïes.
Elle est passée par d'immenses discussions dans les
deux Chambres et dans le pays. Si, malgré toutes
ces précautions, c'était là une œuvre pleine d'er-
reurs, quelle confiance mériteraient désormais les
travaux de nos assemblées, assistées des lumières
si sûres du gouvernement? Ayons donc quelque
souci de notre dignité, quelque respect de nous-
mêmes; ne nous faisons pas, au grand scandale du
bon sens, un jeu puéril de choses si graves; ne
nous laissons pas aller à démolir à l'étourdie, ce que
nous avons à peine et si laborieusement édifié.

On prétend que la loi de 1842, fait de trop
grands avantages aux compagnies.

Mais d'après cette loi, les compagnies prennent
les chemins de fer à bail, et ces baux doivent être
convertis en lois, c'est-à-dire mûrement examinés,
débattus par le gouvernement et par les deux
Chambres; existe-t-il, peut-il exister de plus sûres
et de meilleures garanties? Est-il supposable que
toute l'habileté de l'intérêt privé, toute l'âpreté de
gain, toute l'astuce qu'on prête surabondamment
aux compagnies, échappent à des investigations si
patientes, si minutieuses, si éclairées. Les avantages, qui, selon nos adversaires, sont assurés aux
compagnies, la loi de 1842, les rend impossibles.
Voyez en outre les précautions que cette loi a
prises : les concessions sont temporaires, et l'État

conserve la faculté de racheter les voies de fer, après un certain nombre d'années, fixé par lui-même ; si les bénéfices des compagnies atteignent une certaine limite, l'État est admis à en prendre sa part. Ajoutez encore la détermination des tarifs, les charges imposées pour des services publics, etc. Après cela, il est assez superflu de discuter des calculs qu'on exagère, qui ne reposent que sur des données incertaines, et qui seraient aisément combattus par des calculs tout opposés. Rien n'est plus élastique, plus malléable que les chiffres ; qui se confierait à des chiffres posés *à priori?* Les chiffres ne valent qu'après œuvre faite, et en compte dûment aligné.

L'esprit d'association a fait peu de progrès en France : les capitaux ont montré longtemps une grande timidité. Certes l'occasion était belle pour exciter cet esprit d'association, naguère tant préconisé, pour stimuler les capitaux devenus moins craintifs, et l'on s'acharne à les décourager par ces odieuses déclamations de la paresse ignorante contre le travail intelligent et réglé.

Tout milite en faveur des compagnies : en rattachant une foule d'intérêts privés à l'intérêt public, elles fortifient l'esprit d'ordre, et donnent de nouveaux gages de sécurité, voilà pour le dedans. En attirant les capitaux étrangers, elles tendent à rapprocher les nations, à les lier par des intérêts communs, et donnent de nouvelles garanties d'une paix féconde; voilà pour le dehors. C'est là sans doute, ce qui suscite si violemment contre elles les implacables ennemis de l'ordre et de la paix.

D'autres motifs aussi les poussent, ils ne veulent pas de chemins de fer, et ils savent que pour les avoir dans les grandes proportions, créées par la loi de 1842, le concours des forces de l'État et de l'industrie privée est indispensable.

Tout milite contre l'exécution des chemins de fer, par l'Etat seul.

Ce système viole, anéantit la loi de 1842, qui n'a que deux années de date, qui est excellente, nous l'avons prouvé, qui comme loi, devrait non-seulement être maintenue, mais ne devrait pas même être attaquée.

En ce moment, les finances sont obérées, on ne cesse de le dire, et de le déplorer; à ces charges écrasantes, en ajouter de nouvelles, ce serait dévorer en un jour l'avenir. L'Etat a d'ailleurs à terminer des travaux considérables, depuis longtemps en cours d'exécution; ces travaux sont, la plupart, d'une grande utilité, quelques-uns même, d'une nécessité urgente. Il faudrait, en les abandonnant, renoncer aux avantages qu'on s'en était promis, et ne tenir aucun compte des besoins impérieux, qui les avaient provoqués.

L'État ne pourrait exécuter tout le réseau des

chemins de fer, quelques lignes seraient retran-
chées, ainsi se trouverait détruit ce grand ensemble, qui donnait une équitable satisfaction à tous
les intérêts. Plusieurs de ces intérêts se trouveraient d'autant plus vivement atteints, qu'il faudrait
renoncer plus qu'à des espérances, plus qu'à des
promesses, à la certitude créée par des travaux déjà
commencés.

L'Etat serait forcé de recourir à des emprunts
considérables. Nous nous étonnons de voir les
adversaires d'ordinaire si passionnés des emprunts
devenus tout à coup si faciles ; ils oublient ce qu'ils
ont dit si souvent, qu'un emprunt escompte l'a-
venir en grevant le présent ; qu'il porte une grave
atteinte au crédit public ; qu'il cause une perte ac-
tuelle aux créanciers de l'Etat, en dépréciant leurs
titres , etc. On accuse les compagnies de four-
nir un nouvel aliment à l'agiotage, est-ce que les
emprunts ne l'excitent pas aussi vivement et sur
une échelle plus vaste ?

On sait avec quelle lenteur l'Etat procède ; des
travaux commencés il y a cent ans, ne sont pas
encore à leur terme. Le chemin de fer de Montpel-
lier, entrepris par l'administration, n'est pas ou-
vert, et le chemin de fer de Rouen, venu deux ans
plus tard, ayant trois fois plus d'étendue, et d'une
exécution beaucoup plus difficile, est depuis dix-
huit mois livré à la circulation. Il ne s'agissait

pourtant que de quelques lieues, ici il y en aurait des milliers ; les retards s'y trouveraient en proportion. Et toute une administration nouvelle a créer avec sa hiérarchie, ses attributions diverses, ses divisions, subdivisions, etc., nous n'exagérons rien ; mais nous sommes convaincus que c'est à grand'-peine si nos arrière-petits-fils jouiraient un jour d'une de ces grandes lignes, source féconde de civilisation et de richesse, monument imposant de grandeur et de puissance.

Les deux systèmes se trouvaient en présence, dans toutes les lois sur les chemins de fer. Celui des compagnies a prévalu, dans l'une d'elles, discutée la première, celle du chemin de fer de Bordeaux, et en fin de cause est resté en litige, quant aux autres, chose fâcheuse et bien étrange ! La discussion sur ce point important, ne devait s'agiter qu'une fois, et la solution s'appliquer à tous les chemins de fer. De quoi s'agit-il en effet ? de savoir quel est le meilleur des deux systèmes ; celui de l'exécution par les compagnies l'ayant emporté, a sans doute été considéré comme tel, dès lors, tout débat nouveau devient inutile, impossible. Ne serait-ce pas une insulte à la Chambre, comme au bon sens, que de supposer qu'elle peut préférer le système opposé dans la session prochaine, c'est-à-dire, se mettre en contradiction éclatante avec elle-même.

Un amendement, qui interdisait aux membres des deux Chambres toute participation directe aux chemins de fer, s'était glissé par surprise, dans la loi du chemin de fer de Bordeaux. C'était une de ces odieuses inventions de l'envie étroite et basse qui s'attaque à tout ce qui est élevé. Eh quoi ! vous voulez empêcher les noms les plus purs, les plus considérables, les plus honorés, d'ajouter à ces grandes entreprises l'éclat et la confiance qu'ils leur apporteraient? Vous prétendez que ces assemblées qui renferment l'élite de la France, prononcent un arrêt de suspicion contre elles-mêmes? Mais cela est honteux, cela est misérable, cela est insensé ; aussi ce malencontreux amendement a-t-il été supprimé. La Chambre des pairs l'a repoussé du pied, et la Chambre des députés, cette fois avertie, l'a éconduit aussi énergiquement sous le masque nouveau qu'il avait pris.

En résumé, les résultats de la session sur les chemins de fer, se bornent au vote définitif de celui de Bordeaux, à la création d'une ligne nouvelle, celle de la Bretagne. Quant aux chemins de fer du Nord, de Lyon et de Strasbourg, le tracé seul a été déterminé, mais la question du système n'étant pas résolue, l'exécution si urgente de ces lignes si utiles, en sera sinon ajournée, du moins retardée.

La cause de ces retards, personne ne l'ignore :

ils viennent de l'opposition, ne faut-il pas qu'elle fasse éclater en toute occasion :

L'esprit contrariant qu'elle a reçu des cieux.

Ils viennent aussi des convictions flottantes de quelques membres de la majorité. Cette hostilité systématique s'amendera-t-elle d'ici à la session prochaine, nous ne le pensons pas ; nous croyons peu à l'illumination soudaine de cerveaux, que la passion obscurcit. Ces convictions flottantes se fixeront-elles, nous l'espérons : six mois de repos porteront conseil ; on s'éclairera sur ces velléités d'indépendance, qui ne profitent qu'à l'ennemi ; on reviendra à cet esprit d'ordre et d'union, qui doit se maintenir inaltérable dans les questions surtout, où s'agitent les plus grands, les plus sérieux intérêts du pays.

Après la loi sur les chemins de fer, deux seulement ont été votées, entre plusieurs qu'on a discutées, et auxquelles a manqué le vote de l'une des deux Chambres ; ces deux lois sont celles de la chasse et des patentes.

La loi sur la chasse est bonne et produira, nous en sommes sûrs, d'heureux effets. Il était temps qu'elle se fît : il était temps de mettre un terme au brigandage qui infestait nos campagnes, de créer une répression suffisante pour de graves délits, sur lesquels la loi était ou muette, ou insuffisante.

Le braconnage, métier très-lucratif, très-attrayant, était à peu près impuni. Le braconnage est un vol et même à d'autres; ceux qui s'y livrent, sont ordinairement de mauvais sujets, des vauriens, qui préfèrent un plaisir sans fatigue et très-profitable, aux pénibles travaux des champs. Le braconnage nuit à l'agriculture, en ce qu'il n'est autre chose que la chasse en tout temps, et par la même raison, au gibier, dont la complète destruction était imminente. Un de ces amendements de surprise, dans lesquels se complaît l'opposition, s'était aussi glissé dans cette loi : il a été supprimé comme tous les autres du même genre; cet amendement avait pour but d'étendre les dispositions rigoureuses de la loi aux chasses qui se font dans les forêts de la liste civile; l'assemblée constituante elle-même, avait reculé devant une atteinte si grave, à des droits qui remontent à l'origine de la monarchie. Mais, ainsi que nous l'avons dit, l'opposition qui, professe de louables sentiments pour la royauté, ne perd pas une occasion de lui nuire; elle obéit en aveugle à cette absurde passion de l'égalité, qui prétend tout abaisser : elle ne veut pas comprendre que la royauté constitue un privilége reconnu par elle-même, et que ce privilége en amène d'autres comme conséquences naturelles. Est-ce qu'un député n'a pas les siens, dont il lui arrive d'abuser assez souvent? De proche en proche, les idées et les habitudes de l'opposition mèneraient au radicalisme.

La loi des patentes est encore une bonne loi; elle a subi une discussion longue, utile, et, ce qui est un fait trop rare pour n'être pas signalé, exempte de toute funeste intervention de l'esprit de parti. La loi de brumaire appelait depuis longtemps d'importantes modifications, que la loi nouvelle a opérées avec cette sage réserve, cette modération éclairée qui devrait inspirer et guider toutes les réformes. On a conservé des dispositions anciennes toutes celles qui pouvaient l'être, on a remplacé les autres selon des vœux et des besoins examinés et reconnus. Le droit fixe et le droit proportionnel ont été établis sur des bases plus équitables; leurs limites, leurs différences, se trouvent plus nettement définies, et les variations de la jurisprudence, toujours si fâcheuses, sur l'estimation de la valeur locative, sont devenues désormais impossibles.

Nous n'entrerons pas dans le détail technique et trop aride de toutes les dispositions de la nouvelle loi : nous n'énonçons qu'en passant les plus importantes; nous n'en voulons pas cependant oublier une, dans laquelle se trouve résolue une question délicate, et qui naguère fut la cause ou le prétexte de collisions déplorables : c'est celle qui déclare que les maires pourront assister les contrôleurs dans les opérations du recensement, mais sans rendre cette intervention obligatoire.

Beaucoup d'autres lois ont été ou rapportées ou discutées, et n'ont pu s'achever.

L'une des plus importantes est la loi sur les prisons, qui a suscité de vives et longues discussions à la Chambre des députés.

Le système cellulaire a de grands avantages, qu'on exagère peut-être, et de graves inconvénients, desquels on prend trop peu de souci.

C'est une raison pour nous d'insister sur ces derniers.

D'abord, le système pénitentiaire rend indispensable une réforme dans notre code pénal, réforme qu'il sera difficile d'opérer sans quelque confusion et d'une manière complète, et les remaniements qu'on fait subir, un peu cavalièrement, selon nous, à nos codes admirables, nous effrayent.

Ensuite ces questions du système pénitentiaire, suffisamment étudiées peut-être par quelques hommes, sont encore à l'état de notions incomplètes, et par conséquent indécises, dans les Chambres elles-mêmes. La discussion l'a prouvé. Le projet de loi avait pour défenseurs M. le ministre de l'intérieur, esprit élevé, lucide, étendu, que les affaires ont rapidement mûri, mais aussi, malheureusement, deux de ces hommes à théories, parlant par aphorismes, dévotement épris d'idées absolues, et les soutenant avec ce zèle ardent et vaniteux, qui appelle la contradiction, et ce savoir vague et nébuleux, qui excite la défiance. Cette loi, sortie à grand'peine du scrutin, n'a pu être portée à la Chambre des pairs, et se trouve renvoyée à la session prochaine. Ce retard lui sera utile.

Nous regrettons davantage la loi sur le recrutement, qui contenait de notables améliorations dans le régime de l'armée. Il est déplorable que la vieille expérience d'une de nos plus grandes gloires militaires ait échoué devant la ténacité sophistique de quelques avocats. Des avocats réglementer l'armée !

Loi sur l'Instruction secondaire.

De toutes les lois discutées cette année, la plus mémorable et la plus importante est celle de l'instruction publique. Nous n'en dirons que quelques mots en passant : la traiter amplement serait trop au-dessus de nos forces.

Cette question de l'organisation de l'enseignement secondaire en renferme une autre plus grave et plus vaste, qui remonte presque au berceau de la monarchie, et qui pourrait se poser ainsi : L'État est-il dans l'Eglise, ou l'Eglise est-elle dans l'État ? Elle fut longtemps débattue par nos aïeux, et, après une lutte acharnée et des péripéties diverses, résolue, nous le pensions, d'une manière irrévocable. La victoire fut écrite dans les libertés de l'Eglise gallicane. Le clergé de nos jours semble l'avoir oublié. Ses procédés hardis, ses écrits impérieux même sous les formes de la modération, l'influence qu'une conduite plus sage lui avait rendue, ne relèveront pas des maximes enterrées sous les débris de plusieurs siècles. Et d'ailleurs, ce que le despotisme lui-même n'a pu tolérer, est-ce que la liberté si jalouse le souffrirait?

Toutes les attaques dirigées contre l'université s'adressent donc à l'Etat, et l'université n'est autre chose que l'Etat enseignant. C'est sur ce terrain que devait être mise une discussion sincère, alors les manœuvres auraient été démasquées; on aurait vu que les coups portent plus haut que l'université, et la victoire ne fût pas restée indécise. Le clergé a mieux aimé la ruse que la franchise; il a cherché, selon la pratique des guides qu'il s'est donnés, à embrouiller la question, à l'obscurcir par des théories vagues de liberté. Mais ces nuages commencent à se dissiper et la vérité à apparaître.

La Charte, il est vrai, a promis la liberté de l'enseignement secondaire, mais cette liberté peut-elle
être sans limites? Quel est l'Etat, quel est le pays
où jamais ait régné une liberté absolue? A quel
titre l'enseignement réclamerait-il une extension
illimitée? Toutes nos institutions n'auraient-elles
pas les mêmes droits, et que deviendrait une nation où tous les pouvoirs se trouveraient ainsi sans
limites, et sans frein par conséquent? Cela n'est
pas sérieux.

La loi présentée par le gouvernement accorde
toute la liberté désirable et praticable. Les restric-
tions qu'elle impose sont sages et prévoyantes, et
peut-être la Chambre des pairs les a-t-elle faites
plus modérées qu'il ne faudrait. Le bon sens ne
prescrit-il pas de constater d'avance la capacité et
la moralité des hommes, voués à la mission si
difficile et si délicate, de pénétrer de jeunes esprits et de jeunes cœurs des lumières et des principes, qui doivent éclairer et diriger leur conduite?
Et peut-on apporter trop de soin et de scrupule
dans les précautions prises, pour établir cette capacité et cette moralité?

On a parlé des droits des pères de famille. Mais
ces droits ne peuvent être absolus, et l'Etat, c'est-
à-dire la société tout entière, peut et doit en mo-
difier l'exercice. Nous avons dans ce siècle d'étranges et de bien fausses idées sur l'organisation des

sociétés. Dans l'antiquité, tout était subordonné, dans les lois et dans les mœurs, au bien commun, qu'on divinisait sous le nom de patrie. De nos jours, tout tend à s'individualiser, tous les intérêts privés s'isolent, tous luttent contre l'intérêt général. Il faut attribuer ces tendances funestes à l'amour de l'égalité, passion étroite et fausse, née de l'envie et de l'égoïsme, qui conduirait, si elle n'était contenue, infailliblement et promptement à la dissolution de la société. La liberté n'a rien de commun avec elle.

L'Etat, dans un gouvernement tel que le nôtre, surtout, n'est point un être abstrait, il est le représentant réel et positif de tous les intérêts, et par conséquent dans les conditions d'indépendance et d'impartialité nécessaires pour apprécier sainement et traiter équitablement chacun de ces intérêts. Il n'y a que l'ignorance et l'égoïsme qui puissent lui disputer ce suprême arbitrage. On éprouve quelque embarras à rappeler ces simples notions du bon sens.

Le regret et le déplaisir que causent l'emportement des passions, le déchaînement des sophismes, les excès d'une fausse exaltation religieuse, sont tempérés par la satisfaction patriotique, qu'on éprouve à voir l'éloquence élevée, le savoir profond, le noble langage, la modération née de l'expérience, qui ont signalé cette discussion, toutes qualités dont l'admirable travail du rapporteur avait donné l'exemple. C'est ainsi que notre Chambre haute répond à l'ignorance insolente, aux méprisables calomnies de ses insulteurs quotidiens !

Les jésuites ont été nommés, et on leur a dit, avec une rare modération, d'incontestables vérités. On leur a prouvé, l'histoire à la main, qu'ils n'avaient jamais été utiles, et qu'en tout cas la société, telle que le temps et les événements l'ont faite, n'avait nul besoin d'eux et ne voulait pas d'eux. Il faut donc que cette milice religieuse remette l'épée dans le fourreau, ou porte en d'autres lieux sa turbulence belliqueuse. Nous lui souhaitons ailleurs, et nous espérons qu'elle trouvera, aussi peu de succès qu'ici.

OBSERVATIONS SUR DIVERS ABUS.

Nous avons décrit avec un fidélité sincère, avec le plus de précision possible, les débats qui ont agité la session, les lois qui en sont sorties. Pourquoi ces débats ont-ils été si vifs et si fréquents ? Pourquoi les lois se réduisent-elles à un si petit nombre ? D'où viennent ces tiraillements continuels, ces questions de cabinet sans cesse renou-

velées? Comment se fait-il que tant de travaux
demeurent suspendus, tant de rapports sans discussion, tant de discussions sans résultat?

Il y a de ces abus plusieurs causes, qu'il est utile
de signaler; les unes sont passagères, les autres
permanentes. Nous commencerons par celles-ci.

Règlement des Chambres. — La première est
le mode de nos délibérations, hérissé de forma-
lités minutieuses jusqu'à la puérilité, qui n'ont
aucune garantie pour objet, et d'autre résultat,
que d'occuper en pure perte un temps précieux.
Les règlements de nos Chambres sont un curieux
spécimen de ce genre d'esprit pointilleux et subtil,
à qui la forme cache le fond.

Quand un projet de loi est présenté par les ministres, le président l'envoie dans les bureaux. Là doit
être nommée une commission. Mais, au préalable,
le projet de loi subit une première discussion,
souvent assez vive et toujours longue. La commission formée, elle s'assemble pour élire son président et son secrétaire, après quoi plusieurs séances sont consacrées à l'examen du projet de loi : il
est discuté article par article, paragraphe par paragraphe, des amendements sont proposés, déve-
loppés, et le rapporteur est désigné. Un temps
plus ou moins considérable s'écoule dans l'élabo-
ration du rapport, qui doit être soumis à la com-

mission, où il est encore discuté, souvent modi-
fié, ce qui entraîne de nouveaux retards. Quand
enfin il a été approuvé dans toutes ses parties,
il est lu en séance publique ou déposé sur le
bureau du président. Il faut alors qu'il soit im-
primé, distribué, ce qui demande encore quelques
jours. Après toutes ces opérations préliminaires,
le jour des débats arrive; mais ils s'ouvrent par
la discussion générale où les orateurs qui lisent
au lieu de parler, se donnant un champ libre,
épanchent lentement et goutte à goutte leur éloquence frelatée en dissertations pesantes, en lieux
communs rebattus, qui se perdent justement au
milieu du bruit et de l'inattention générale, mais
qui néanmoins usurpent plusieurs séances. La
Chambre arrive enfin de lassitude et d'ennui, à la
discussion des articles. A ce moment, les amendements pleuvent comme la grêle; ceux qui les
proposent n'ont souvent d'autre but que de se
faire une place pour un discours écarté de la discussion générale, et, leur discours débité, ils aban-
donnent à l'impatience de la Chambre le sort de
leur amendement, qui, souvent, ne trouve pas
même une voix pour l'appuyer. Quelquefois ces
amendements sont un piége de l'opposition, qui,
ennemie systématique de toute loi proposée par
le gouvernement, et voulant à tout prix que la session n'ait rien produit, saisit le moment où l'en-

nui a éclairci les rangs de la majorité pour escamo-
ter un vote : ce mauvais tour a été joué plusieurs
fois cette année. La discussion de la loi se traîne
ainsi au milieu de propositions inutiles, confuses,
captieuses, jusqu'au vote définitif, qui la livre ob-
scure, mutilée, pleine de contradictions, à une
exécution souvent impossible.

Il y aurait, ce nous semble, un moyen facile
d'échapper à ces inconvénients. Toute loi contient
un principe qui en est l'essence, l'esprit. Ce principe est exprimé dans un article de la loi, ou bien
il-la pénètre tout entière, et se retrouve dans
toutes ses dispositions : *Diffusa per artus, agitat,
et se corpore miscet.* Si la loi est mauvaise, c'est
donc ce principe qu'il faudrait attaquer, le détruire, et le remplacer par un autre. Dans les lois
politiques, ce travail serait confié aux chefs de
l'opposition ; dans les lois administratives et civiles, aux hommes compétents. De ce procédé si
simple, si raisonnable, résulteraient de grands
avantages.

Les lois seraient claires, courtes, faciles à comprendre, faciles à appliquer ; les discussions pré-
cises, rapides, pleines d'intérêt.

L'opposition se trouverait dans la nécessité d'a-
voir un système et des idées, nécessité dure et
pénible pour elle, il est vrai. Les partis, forcés de
s'organiser sous des principes, se soumettraient à

une discipline utile; enfin, les vanités bavardes,
les médiocrités remuantes seraient condamnées
au silence et au repos. Cela est difficile, nous le
sentons; mais nous ne dirons pas que c'est impossible; car, il faut y songer, l'avenir du gouvernement représentatif est à ce prix. Il n'a pas
encore jeté de profondes racines dans ce pays. Il
est temps que des travaux utiles, sérieux, durables
le consolident. Il est temps que nos débats légis-
latifs cessent d'être une arène ouverte aux passions inquiètes, aux déclamations creuses, aux intrigues méprisables, à ces luttes incessantes de
l'ambition impatiente, audacieuse, qui se drape
hypocritement dans un patriotisme de mauvais
aloi, et qui ne prend conseil que de son égoïsme
insatiable.

DROIT D'INITIATIVE. — Un autre abus grave,
dont les inconvénients se font sentir de plus en
plus tous les jours, c'est le droit d'initiative. Il a
été conquis en 1830. Si nous en avions le loisir,
nous serions curieux de rechercher les propositions qui en sont sorties, elles sont nombreuses,
et de mettre en regard les lois qu'il a produites :
la liste en serait courte. Cette initiative si prônée
a été d'une stérilité complète, cela devait être.

En effet, on ne fait pas de lois sans motifs, et
ces motifs se fondent toujours sur un besoin gé-

néralement senti, sur une utilité positivement constatée. Or, qui peut apprécier ces besoins, cette utilité, si ce n'est l'administration, qui, par sa position centrale, ses communications régulières, sa hiérarchie, se trouve en contact permanent avec tous les intérêts d'un bout du royaume à l'autre.

Et puis une loi n'est pas, ne peut pas être l'œuvre du premier venu. Elle exige les efforts combinés, d'hommes vieillis dans l'étude et dans la pratique, et le gouvernement est mieux placé que personne pour recueillir les lumières des corps savants qui l'entourent, des chefs de l'administration, des membres du conseil d'Etat et de la magistrature? N'est-ce pas une présomption quelque peu impertinente que de prétendre à suppléer tant de capacités réunies?

Mais, dit-on, le gouvernement répugne à toute innovation : l'immobilité est dans sa nature. S'il s'agit d'améliorations politiques surtout, il ne prendra jamais l'initiative, et le pays se trouverait ainsi privé de libertés nouvelles ou de l'extension de libertés acquises.

Faut-il répondre à de pareilles allégations? Si des libertés sont réellement réclamées par le pays, ce qui sera fort rare, car le pays n'est, sous ce rapport, ni si pressé, ni si exigeant qu'on le dit, le gouvernement sera toujours contraint de les ac-

corder. Il faut, certes, avoir ou affecter une profonde ignorance de notre organisation politique
pour affirmer qu'aucun vœu légitime et manifeste
de la nation puisse être un instant éludé. Est-ce
qu'un ministère peut résister aux volontés fermes,
persévérantes des deux Chambres, et les Chambres
ne sont-elles pas l'expression légale, absolue, fidèle
du pays?

Le droit d'initiative est impuissant et inutile.
De plus, il a de graves inconvénients, que des
exemples feront mieux sentir. Nous en pourrions
citer un grand nombre : nous nous contenterons
de quelques-uns, pris dans cette session même.

Un ambassadeur donne sa démission, aussitôt
paraît une proposition qui exclut de la Chambre
des députés la plupart des fonctionnaires publics.
Cette proposition n'a rien de sérieux, et le succès
ne préoccupe personne, pas même celui qui l'a
faite. Le but réel, et qu'on ne prend pas la peine
de dissimuler, c'est d'ébranler, si faire se peut, le
ministère, et d'amener le pouvoir irresponsable à
la barre de la Chambre.

Un vote par assis et lever est contesté par l'opposition, battue et mécontente Sur-le-champ elle
tire de l'initiative une proposition qui, si elle était
admise, mettrait en suspicion de prévarication
grave le président de la Chambre et la majorité
du bureau.

5

Une élection, qui avait éveillé d'ardents intérêts de localités, est annulée par la Chambre. Au
milieu de débats très-animés, quelques-uns de
ces puritains d'une vertu farouche... à la tribune,
avaient parlé de corruption, ce qui était souverai-
nement absurde, et vite apparaît une proposition,
qui, pour assurer la sincérité des élections, bou-
leverserait de fond en comble la loi électorale.

La légomanie est un des mille maux qui nous
travaillent; et, au lieu de s'appliquer à calmer cette
fièvre, on ne fait que l'entretenir et lui donner
des incitations ardentes par ce déplorable droit
d'initiative.

Notre organisation politique, si elle vaut quelque chose, forme un corps de lois qui s'expliquent
mutuellement, se soutiennent, s'harmonisent.
Toucher sans cesse, tantôt à l'une, tantôt à l'autre
de ces lois, c'est jeter dans l'ensemble le désordre,
l'obscurité, la confusion.

La même observation s'applique à nos lois civiles et administratives.

Nous ne sommes pas ennemis entêtés de toute
amélioration, de toute réforme; nous ne prétendons pas que nos lois doivent demeurer immua-
bles : mais apparemment elles sont nées viables;
laissez-les donc vivre. Vous en espériez sans doute
quelque bien; donnez-leur le temps de le pro-
duire. Les lois doivent suivre le mouvement de la

société, doivent, en quelque sorte, régler leur pas sur elle, et la société ne marche pas aussi vite que de certaines têtes. Un des grands bienfaits des lois, le plus réel et le plus précieux, c'est la stabilité, et, cette stabilité, le droit d'initiative tend à le troubler sans cesse.

Savez-vous ce qui résulterait de ces remaniements continuels de nos lois organiques? C'est que notre constitution deviendrait un amalgame incohérent de dispositions contradictoires, un composé informe d'éléments ennemis, un être sans nom, ni monarchie ni république, qui n'aurait ni force ni vie, qui n'inspirerait ni confiance, ni sympathie, qui s'écroulerait au moindre choc des passions inquiètes, que vous entendez gronder autour de nous.

Et quant à nos codes, ce magnifique monument de génie et de sagesse, admirable surtout par son imposante unité, les altérations que vous lui faites subir jetteront bientôt ceux qui sont chargés de la mission délicate et difficile d'appliquer et d'interpréter les lois, dans des embarras inextricables, pareils à ceux qu'avait produits, dans l'ancien régime, la diversité des coutumes.

Interpellations.

Ce qu'on appelle le droit d'interpellation est un de ces droits vagues, en dehors de la constitution, qui apparaissent à l'improviste dans ces moments de crise, où la force hardie affecte toutes les prétentions et les impose.

Dans l'origine, on n'aperçoit pas toute l'étendue de ces innovations, on n'en prévoit pas les périls; et quand, plus tard, ils se montrent, il faut s'y résigner; car l'usage, dont l'autorité est si grande, a bientôt fait, d'une prétention subie par l'imprévoyance ou par la faiblesse, un droit incontestable.

En réalité, interpeller les ministres sur tel ou tel événement, c'est s'immiscer dans le gouvernement; c'est donc une usurpation que ce droit d'interpellation, dont l'exercice, même le plus modéré, est une entrave, dont l'abus jetterait le trouble et la confusion dans les pouvoirs.

Les interpellations ont pour objet ordinairement les événements survenus au dehors ou dans l'intérieur, les premiers surtout: commençons par ceux-ci.

Ces événements peuvent n'être pas consommés et l'issue peut dépendre encore des négociations.

Combien alors les explications sont difficiles, délicates, dangereuses !

Remarquez bien ce qui se passe dans ces séances solennelles.

Les plus grands intérêts du pays sont en jeu, et ce qui est au-dessus de tous ses intérêts, son honneur, sa dignité, son rang parmi les nations. Ce jour-là, tous les bancs sont garnis, les tribunes regorgent, l'assemblée est frémissante. Toutes les passions sont soulevées ; l'intrigue s'agite ; les provocations se mêlent aux sarcasmes ; les questions assaillent, subtiles, captieuses, violentes, souvent contradictoires ; les interruptions se croisent, et il faut qu'un seul homme domine ce bruit, contienne ces orages, commande à ces passions, déconcerte ces intrigues ; que la plus sage réserve préside à ses explications, qu'il démêle le faux du vrai, qu'il réponde à tout, et il ne peut pas tout dire. Et la chaleur de l'improvisation si entraînante, et la pensée d'une haute mission qui périclite, et le pouvoir auquel on tient qui tombe des mains, et les ardentes émotions à maîtriser !

Pense-t-on qu'il y ait beaucoup d'hommes capables de subir, sans dommage pour le pays, de si héroïques épreuves ? et s'il s'en trouve, est-il sage de les y exposer sans cesse ?

Le secret est l'âme des affaires, des grandes sans doute encore plus que des petites. Le secret est-il

compatible avec une publicité aussi retentissante?
Voyez avec quel empressement la diplomatie ac-
court à ces séances; ce n'est certes pas un pur intérêt de curiosité qui l'attire, et en supposant qu'il
n'échappe ni au ministre, ni à l'opposition, aucune indiscrétion fâcheuse, ce qui est presque
impossible, pensez-vous qu'un pouvoir, pressé
par tant de questions importunes, harcelé par tant
d'attaques violentes, traduit à la barre d'une assemblée pleine de passions comme un accusé devant son juge, puisse, au sortir de là, faire écouter
à ces témoins intéressés de sa dépendance le langage ferme et hardi que vous lui demandez?

Si les interpellations ont pour objet quelque
événement intérieur, une conspiration, une
émeute, les mêmes inconvénients se reproduisent.
L'opposition, toujours aveugle et absurde ennemie du gouvernement, dira que l'émeute ou la
conspiration pouvaient être prévenues, qu'elles
ont été provoquées par des fautes ou des excès,
que la répression a été cruelle! Elle s'indignera
de la violation des lois toujours imputée, chose
inouïe, non à la révolte armée, mais au pouvoir,
qui n'a fait que se défendre! Et ces explications
auront le résultat déplorable d'affaiblir le gouvernement, de ranimer l'audace des factions et de
décourager le zèle des bons citoyens.

Qu'on ne dise pas que le ministère est libre de

se refuser à toute interpellation. Le plus souvent,
il ne le pourra pas, car l'opinion est travaillée d'a-
vance, les esprits les plus équitables sont prévenus,
et un refus susciterait mille interprétations et récriminations fâcheuses. « Le ministère ne montre
« aucune déférence aux Chambres et se joue de
« leurs plus légitimes volontés. Il se sent coupable,
« il redoute la justice du pays, son silence est sa
« condamnation, etc. Et alors il n'est pas de mensonge qui ne soit une vérité, d'hypothèse qui ne
devienne une évidence, d'assertion absurde qui
ne prenne les couleurs de la réalité. Quel homme
n'aimerait mieux accepter une explication, quelque
délicate et périlleuse qu'elle soit, que de s'exposer
à des accusations vagues qui parlent seules, à des
calomnies qui s'accréditent du silence.

Il faut dire aussi le temps perdu dans ces séances,
qui se prolongent trois ou quatre jours et qui, le
plus souvent, ne se résolvent en aucun vote. Ces
représentations extraordinaires produisent un effet saisissant, excitent les plus vives émotions. Les
séances ordinaires ne peuvent avoir le même intérêt; si bien que, les jours suivants, les travaux
sérieux, les lois utiles, trouvent des bancs dégar-
nis, et la discussion se traîne confusément dans
la solitude et l'ennui, jusqu'à un scrutin annulé
faute d'un nombre suffisant de voix.

Etat des partis.

La première place est due au grand parti conservateur. Le parti conservateur a rendu d'immenses services au pays. C'est à lui que nous devons le maintien, sans altération, de l'œuvre de 1830. Constitué en 1831, par l'énergique volonté d'un grand ministre, il avait devant lui une tâche hérissée de difficultés et de périls. Il fallait calmer l'effervescence des esprits, comprimer le zèle emporté des novateurs, fonder un ordre nouveau, réprimer les factions, mettre un frein à la licence, sans gêner la liberté; cette œuvre si grande et si ardue, le parti conservateur l'a accomplie, non pas seul sans doute; mais elle ne pouvait se faire sans lui, et une grande part lui en revient.

Le désir du succès, les périls communs, l'ardeur du combat, tiennent les hommes unis; leur mission remplie, la victoire acquise, le désaccord survient; le parti conservateur a subi cette triste loi. Mais heureusement le désaccord n'a été qu'incomplet et passager. Il y a eu division, il n'y a pas eu dissolution. La division est venue d'une cause générale, l'inconstance et l'esprit d'opposition, qui sont les traits distinctifs de notre caractère, et de plusieurs petites causes très-actives, les mécontenttements, les mécomptes, les rivalités de pouvoir, les intrigues et quelques changements opérés par les élections. Mais les désertions n'ont pas fait un grand vide, des ralliés ont remplacé les déser-teurs, et, après quelques tiraillements, le parti conservateur a repris, avec son homogénéité, la suprématie qu'il ne perdra que par sa faute.

Il faut qu'il se préserve avec soin de ce laisser aller, de cette insouciance, qui sont l'écueil de la force. Dans le cours de cette session, nous avons vu d'étranges, de regrettables choses. A chaque question de cabinet posée nettement, la majorité s'est montrée compacte et résolue. Mais si, le lendemain, une loi importante réclamait la même union, cette union a manqué ou par incurie ou de dessein prémédité.

C'est là une inconséquence déplorable. Il faut prêter à un ministère un appui ferme et persévérant. Si vous le soutenez aujourd'hui et l'abandonnez demain, votre dissentiment lui ôte plus de force, qu'il n'en a reçu de votre approbation. Et si ce dissentiment se reproduit plusieurs fois dans une session, l'administration en sort affaiblie et l'opposition fortifiée. Est-ce là ce que vous vouliez ? Nous ne prétendons pas que la majorité soit vouée docilement à toutes les volontés ministérielles, cela est absurde, impossible, et des désaccords sont inévitables et légitimes, mais à la condition de n'être ni fréquents, ni graves. Les hommes investis du pouvoir émanent de la majorité ; c'est elle qui les a désignés, et sans doute elle a choisi ses hommes éminents, les plus éclairés, les plus capables, les plus fermes gardiens de ses principes. Pourquoi décliner leur supériorité ? Quel est ce caprice qui fait désobéir aux chefs qu'on s'est donnés ? Les douceurs de l'indiscipline vont-elles jusqu'à en cacher les périls ?

Ces variations, cette indocilité, ne sont permises qu'aux partis qui n'ont d'autres principes que des sophismes captieux, d'autre lien que l'ambition des chefs, l'intérêt privé si étroit et si misérable, l'envie, cette ennemie acharnée de tout ce qui s'élève. Le parti conservateur a des principes solides, précis et positifs, que le temps a mûris, que l'expérience a fortifiés. Il faut qu'il les maintienne intacts, sans alliage corrupteur, sans ces distinctions dangereuses qui les défigurent et favorisent les défections.

Le parti conservateur veut la Charte de 1830, avec les lois politiques qui en dérivent et s'y incorporent : la loi des élections, de 1831, qui assure à toutes les opinions, à tous les intérêts, une large part de force et d'influence ; les lois sur le jury, qui rendent toute prévarication impossible et l'erreur aussi rare que l'humanité le permet, en laissant à la justice toute son action, à la

société toutes ses garanties; les lois sur la presse,
qui certes n'ôtent rien à sa liberté et suffisent à
peine contre ses écarts si dangereux; la loi contre
les associations, qui ne permet pas que des sociétés se forment dans l'Etat contre l'Etat même, à
l'aide de ces liens puissants et mystérieux qui fa-
natisent les têtes faibles et transforment le crime
en une sainte mission.

Le parti conservateur veut la monarchie repré-
sentative, il la veut forte pour être durable, obéie,
respectée. Il veut donc le maintien des lois qui
assurent l'inviolabilité du monarque, en assurant
la prompte répression de tous les attentats, de
quelque nature qu'ils soient; qui ne permettent
pas que la personne royale soit, dans des écrits
affichés ou criés sur la voie publique, dans des
images appendues aux murs, vouée à l'insulte, à
la dérision, à tous les outrages du mensonge et de
la calomnie.

Tel est, selon nous, tel doit être le programme
du parti conservateur. Il l'a maintenu jusqu'à ce
jour, il faut qu'il persévère. Dans ce pays, où tout
change et s'use vite, dans cette nation si rapidement dégoûtée de ce qui est, et si facilement éprise
de ce qui n'est pas, c'est un glorieux et difficile
rôle que de ne pas suivre le torrent qui entraîne,
d'échapper à la lassitude qui énerve, de repousser
l'innovation qui séduit, de résister aux fantaisies,

de lutter contre les revirements soudains. Des lois
politiques nées d'hier n'appellent pas de changements. Est-ce que les lois ne sont faites que pour
un jour, et ne s'adressent-elles pas surtout à l'a-
venir ?

Nos ennemis savent que toutes ces lois se tiennent et forment un corps ; ils cherchent à ouvrir
une brèche, si petite qu'elle soit, parce que cette
brèche entraînerait la ruine de l'édifice tout entier.
Il faut y prendre garde, le sage fabuliste l'a dit :

Laissez leur prendre un pied chez vous, etc.

Outre des principes excellents, le parti conservateur a pour chefs des hommes supérieurs, les
plus éclairés, les plus capables, les plus habiles du
pays, nul ne le conteste ; et le parti lui-même quels
en sont les élements ? des hommes mûris dans la
pratique des affaires, l'élite de la magistrature et
de l'administration ; de grands propriétaires, les
notabilités du commerce et de l'industrie, qui doivent leur fortune, non au hasard si avare de ses
faveurs, mais à de rudes et patients travaux, à un
heureux emploi de l'intelligence, à une habile application des inventions modernes, à une vie d'ordre et de privations. Si nous voulions citer les
noms, la liste en serait longue ; les Guizot, les
Broglie, les Molé, les Pasquier, les Duchâtel, les
Dumon, les Dupin, etc. L'opposition n'a qu'un

homme, et c'est un transfuge du parti conservateur, qui, dans cette union équivoque, a tout ap-
porté et n'a rien reçu.

L'opposition se compose du centre gauche, de
la gauche dynastique, du parti radical et des légitimistes.

Le centre gauche, sorte d'androgyne qui n'est
plus le parti conservateur, qui n'est pas encore la
gauche, ne peut être considéré comme un parti,
car il ne se compose que de quelques hommes et
n'a guère de principes avoués, quoi qu'il en dise.
Nous y voyons un chef et quelques lieutenants,
mais d'armée, point. C'est un groupe d'hommes
qui aiment le pouvoir, impatients de le ressaisir
quand ils l'ont perdu et qui ne savent jamais le
garder quand ils le tiennent. Et, chose singulière,
ils tirent vanité de ne pas le savoir garder!

Le chef du centre gauche prétend avoir des
principes, et cependant il écrit sur son drapeau le
mot *transaction*, ce qui annonce au moins que ses
principes sont élastiques. Cette élasticité lui plaît,
parce qu'elle suppose l'habileté, à laquelle il vise
par-dessus tout.

Il reproche au parti conservateur un esprit d'exclusion. Il aspire à fonder une majorité nouvelle,
au moyen d'un démembrement du centre et de la
gauche. C'est une œuvre impossible, nous l'avons
prouvé. Ce tour de force ne pourrait s'opérer

qu'au moyen d'une confusion de principes peu
honnête et peu durable, qu'à l'aide de sacrifices
que tous réclament et que chacun refuse. Ce parti
d'invention nouvelle ne serait que le parti des
dupes et n'aurait d'avantages que pour le chef.

M. Thiers se prêterait à un commencement de
réforme, par exemple, à l'exclusion de la Chambre
de quelques catégories de fonctionnaires. Nous
avons fait ressortir tout ce qu'il y aurait d'inique,
d'impolitique, d'absurde, dans une mesure semblable; nous n'y reviendrons pas. Nous ajouterons
qu'un si médiocre changement ne constitue pas
un programme politique; que, d'ailleurs, on l'a
promis plus d'une fois; qu'on ne l'a pas exécuté
quand on en avait le pouvoir. Ce serait un nouvel
enterrement à faire, et l'on y procéderait sans aucun scrupule.

M. Thiers serait, dit-il, un gardien plus sévère
de l'honneur et de la dignité de la France. Il croit,
comme le disait M. de Lamartine, avoir inventé
l'honneur en France. C'est encore là une prétention, que nous ne pouvons admettre.

La France nous paraît tenir avec fermeté la place
qui lui est due parmi les nations : les Chambres
le croient comme nous, elles l'ont prouvé plusieurs fois d'une façon significative pour M. Thiers;
et il n'y a que quelques niais, quelques grands
politiques d'estaminet qui prêtent l'oreille aux stu-

pides accusations de certains journaux discrédités.
Et puis, le passé est là, qui atteste éloquemment
que M. Thiers n'a pas fait preuve, quand il était
ministre, de cette résolution énergique, qui s'ex-
hale aujourd'hui en si fières paroles. Les faits abon-
dent, nous n'en citerons qu'un. En 1840, M. Thiers
refusa d'accéder au traité qui accordait à Méhémet-
Aly l'hérédité de l'Egypte avec la possession viagère
de la Syrie; et quelques mois après, dans sa fameuse note du 8 octobre, il ne stipulait, en faveur
du pacha, que la suzeraineté de l'Egypte. Et le rap-
pel de la flotte, et la fameuse occupation des îles
Baléares! Certes, des prétentions si modestes, des
actes si dépourvus d'énergie, des projets qui mar-
quaient une rare générosité pour une puissance
amie et si faible, après une impulsion belliqueuse
donnée au pays, après les articles menaçants du
ministre lui-même, insérés dans les journaux,
après des armements plus significatifs encore, jus-
tifient hautement le reproche que lui adressait un
noble pair, de n'avoir montré qu'un mélange de
forfanterie et de timidité.

M. Thiers a du penchant pour la guerre et la
révolution. Il a raconté l'une et l'autre avec de
grands traits, avec une chaleur poussée jusqu'à
l'enthousiasme. Ces récits ont jeté de l'éclat sur
ses commencements et lui ont servi d'échelons.
Il leur doit en grande partie tout ce qu'il est, et sa

reconnaissance a pris le caractère d'une passion.
Et puis, la guerre flatte l'instinct national ; la révolution a des attraits pour un peuple fougueux et
mobile; partager ses penchants est un sûr moyen
de lui plaire. De plus, qui sait où l'ambition peut
emporter une tête vive? On se croit un grand
homme d'Etat : cela est acquis et ne sufiit pas. On
se sent de force à devenir un grand capitaine. On
aperçoit dans le lointain César et tout près de soi
Napoléon !

Ce sont là des illusions, mais qui n'en a pas?
Qui ne cède à ces enivrements au moins quelques
instants? Puis la raison revient, et souffle sur ces
châteaux de cartes.

C'est là ce qui arrive à M. Thiers. Il est doué
d'une raison supérieure, d'un bon sens éminent.
Il a des idées d'ordre et de gouvernement, tout
cela le retient : si bien que la guerre est et ne sera
sans doute toujours pour lui qu'une menace ; et
qu'après avoir brandi fièrement son épée, il la
remettra paisiblement dans le fourreau : si bien
qu'après avoir jeté aux ennemis le grand mot de
révolution, tout au plus se hasardera-t-il à semer
quelque agitation, et à faire chanter dans les théâ-
tres et dans les rues *la Marseillaise.*

Toutefois ces velléités belliqueuses, ces instincts
révolutionnaires effrayent dans le pays et dans les
Chambres. On craint des imprudences, des entraî-

nements, des coups de tête... et ce sont ces sentiments qu'exprimait dans sa magnifique éloquence
M. de Lamartine, quand il disait en 1840 :

« Vous surexcitez le sentiment, la passion révo-
« lutionnaire; vous vous en vantez; vous dites : Je
« suis un fils des révolutions; je suis né de leurs en-
« trailles. C'est là qu'est ma force; je retrouve de la
« puissance, en y touchant, comme le géant en tou-
« chant la terre. Vous aimez à secouer devant le
« peuple ces mots sonores, ces vieux drapeaux
« pour l'animer et l'appeler à vous. Le mot révo-
« lution dans votre bouche, c'est le morceau de
« drap rouge, qu'on secoue devant le taureau pour
« l'exciter. Vous dites : Ce n'est rien, ce n'est qu'un
« lambeau d'étoffe, ce n'est qu'un drapeau. Nous
« le savons bien, mais cela irrite, cela inquiète,
« cela fait peur. »

Il est une autre prétention qu'affecte M. Thiers,
c'est de fonder ce qu'il appelle le gouvernement
parlementaire, qui n'est que le sobriquet du gouvernement représentatif, qu'une conséquence de
la fameuse maxime : Le roi règne et ne gouverne
pas, et ne vaut pas mieux qu'elle.

Au roi appartient la haute direction des affaires.
La Charte le dit expressément et la saine raison
avec elle.

Tous les actes importants du gouvernement,
résultent d'une délibération du conseil des minis-

6

tres, où préside le monarque, et sans doute il n'assiste pas muet et immobile à cette délibération. Ses lumières, son expérience, sa volonté y occupent une certaine place, y prennent une certaine influence. La délibération terminée et une résolution prise, les ministres la couvrent de leur responsabilité. La délibération est secrète, l'acte est public, et comme tel, il appartient tout entier aux ministres, puisque seuls ils sont responsables, et remarquez que rien n'est plus équitable, car ils ont pris part à la délibération, et la décision qui l'a suivie a eu leur assentiment. Tel est le caractère vrai, incontestable de tout acte du gouvernement; et l'on voit que la part de la royauté peut être grande. La fameuse maxime n'est donc qu'une insolente absurdité, invention présomptueuse de l'orgueil ministériel voulant effacer la royauté.

Voilà donc le programme du centre gauche : la promesse d'un semblant de réforme, promesse qu'on n'exécuterait même pas, le passé le prouve ; une prétendue fusion de partis ennemis, véritable escamotage des convictions de chacun, qui suppose une certaine facilité de conscience, fort rare heureusement, dont la conscience publique ferait bonne et prompte justice, si jamais elle se réalisait. A l'extérieur, une conduite fière et ferme, qu'on n'a pas tenue dans une occasion récente et solennelle, qui était une épreuve. A l'intérieur, des cris de guerre qui effrayent, des armements qui ne sont qu'une menace, et des penchants révolutionnaires qui ne sont qu'un jeu innocent, Dieu merci ! Enfin pour couronner le tout, l'inauguration du pouvoir parlementaire, c'est-à-dire une absurdité pompeuse, une hérésie politique, l'anéantissement de la royauté. En résumé, un amas d'impossibilités entées sur des passions et des sophismes.

Qu'est-ce que l'opposition de gauche, s'appelant dynastique? elle se personnifie dans celui qui passe pour son chef, et qui ne l'est pas, et qui n'a aucune des qualités requises pour l'être : ni principes constatés et reconnus, ni volonté ferme, ni décision de caractère, ni cette souplesse d'intelligence, que rien ne déconcerte, ni cette abondance d'idées qui pourvoit à tout ; mêmes défauts dans le parti, qui flotte dans la même indécision, qui se berce d'utopies impossibles, qui se repaît de négations, qui rejette toute discipline comme humiliante. Deux seuls traits caractérisent cette masse de volontés flottantes, l'impuissance et l'esprit de contradiction.

M. Barrot n'est qu'une image effacée de quelques utopistes d'une autre époque; on lui a dit qu'il s'appelait autrefois Pétion, le mot était d'une admirable justesse. M. Barrot, comme tous les hommes, à qui les idées manquent, se complaît dans le vague ; il faut de l'espace à sa parole creuse et

retentissante ; elle fait ses évolutions pendant quelques instants, à la portée des yeux, puis elle se
cache dans les nuages ; et si on la ramène forcément sur la terre, ce qui est facile, car le lest de la
pensée manque, on aperçoit le vide du ballon.

Nous avons gardé le souvenir d'une lutte très-
vive engagée entre M. Guizot et l'honorable chef
de la gauche. Le premier disait et démontrait jusqu'à l'évidence que le pouvoir appartenait et devait
appartenir à la classe moyenne qui représente le
travail, l'intelligence, l'ordre. M. Barrot voulait
quelque chose de plus, mais quoi? Il voulait que
le pouvoir descendît, mais où devait-il s'arrêter?
C'est ce que l'on n'a jamais su ; le savait-il lui-même?

M. Barrot et ses amis veulent la monarchie de
1830. Ils le disent hautement, et cependant dans
toutes les questions qui touchent à l'existence, aux
intérêts fondamentaux de cette monarchie, leur
opposition éclate et se déchaîne jusqu'à l'injure.
Ils ont voté contre la loi de régence, qui était une
consécration nouvelle de la dynastie; ils ont donné
leurs suffrages aux voyageurs de Belgrave Square ;
et dans les élections on les voit sans cesse faire
avec les légitimistes ces pactes honteux cimentés
par l'impuissance et le mensonge, que la saine politique désavoue autant que la morale publique.

M Barrot et les siens veulent le maintien de
l'établissement de 1830 ; et cependant on les a vus

en 1832, donner le signal de l'émeute dans ce fameux compte rendu, dont le cloître Saint-Merry fut le sanglant commentaire. Et depuis, dans ces mouvements insurrectionnels, qui se succédaient avec tant d'acharnement et qui mettaient en péril l'ordre social tout entier, quel rôle jouaient M. Barrot et les siens? Eurent ils jamais quelques paroles d'encouragement pour les généreux citoyens, qui exposaient leur poitrine aux balles des assassins barricadés? Non, certes : ils ne savaient qu'accuser de rigueur une répression qui fut le plus souvent modérée jusqu'à la faiblesse.

M. Barrot et les siens veulent sans doute un gouvernement, mais pourquoi s'appliquent-ils à l'entraver, à le rendre presque impossible? Si un fonctionnaire public est dénoncé par quelques mécontents, ils prennent aussitôt parti contre le fonctionnaire, et ils s'efforcent de faire sanctionner cette dénonciation qui n'est qu'une calomnie, par un vote de la Chambre qui serait une usurpation de pouvoir. Si l'exécution d'une loi utile rencontre quelques obstacles, ils encouragent la désobéissance par leurs journaux, par ces interprétations subtiles et sophistiques, auxquelles aucune loi ne résisterait. Si on discute une loi de constitution de l'armée, ils prétendent, dans leur rage d'égalité, supprimer le remplacement, c'est-à-dire, assimiler le laboureur, qui à l'expiration de son service, n'a rien perdu et ne peut qu'avoir beaucoup acquis, à l'homme qui verrait se perdre dans ces huit années d'une profession qu'il répudie, tout le fruit d'une éducation coûteuse, et des pénibles études de sa jeunesse.

Ce parti se targue de franchise, et pourtant il n'y a pas d'intrigues, qu'il ne mette en œuvre, de stratagème qu'il n'imagine. Il attend patiemment la fin de la séance; il laisse les rangs de la majorité s'éclaircir, il resserre les siens, et puis tout à coup, à un signal donné, il lance un amendement et obtient un vote de surprise ; et le lendemain, ses journaux célèbrent sur tous les tons une victoire si loyale. Trois fois dans cette session, cette misérable tactique a été mise en œuvre, dans la loi sur la chasse, dans la loi sur le chemin de fer de Bordeaux, dans celle sur le chemin de fer de Lyon.

Ce parti se targue de constance et de moralité! Il a pourtant voté en 1840 les fonds secrets, ce crédit de corruption et de honte, contre lequel il avait si souvent déployé sa faconde puritaine.

Ce parti se targue de courage et d'énergie, et on le voit se courber humblement devant ses journaux, qui d'un ton cavalier gourmandent sa faiblesse, et devant le parti violent, qui le suit et lui tient l'épée dans les reins.

Ainsi l'opposition dynastique n'a que des principes vagues, indéfinis, inconsistants. Elle veut la monarchie, dit-elle, et pourtant elle la bat en brèche ; elle est hostile à toute idée d'organisation, elle ne sait ce qu'elle veut, elle sait à peine ce qu'elle ne veut pas. Elle s'obstine en une guerre systématique contre tout ce qui se fait : elle n'a ni franchise, ni énergie, ni constance. Ce sont, au talent de tribune près, les constituants de nos jours : forts et ardents contre la monarchie, faibles devant les partis qui les suivent, ils nous mèneraient pas à pas à cette célèbre niaiserie, la monarchie entourée d'institutions républicaines : et leurs débiles mains la livreraient alors aux rudes étreintes de l'anarchie, sans savoir la défendre autrement que par une mort inutile.

Le parti radical a perdu son chef, homme d'esprit et de talent, qui ne serait pas resté longtemps dans ses rangs, auquel son frère a succédé, et la succession est écrasante pour cette nullité prétentieuse, qui ne fera pas oublier le langage élégant, facile, ingénieux, brillant, qui captivait la Chambre, par son jargon déclamatoire et filandreux, trivial, brutal, mélange burlesque de pédantisme et d'ignorance, d'emphase et de platitude, qui serait sifflé même dans les carrefours.

Le parti radical est ce qu'il était il y a dix ans, ennemi de toute autorité, de tout gouvernement ; dépourvu d'idées, il adore celles de 93, la Convention est son fétiche devant lequel il prosterne

humblement ses guenilles révolutionnaires. Il rêve
le renversement de toutes les monarchies, mais il
lui manque, ce qui serait indispensable pour réa-
liser ses songes, la force et les passions révolutionnaires ; il n'a pas même celles-là.

Le parti légitimiste a aussi perdu son chef, quoi-
qu'il vive encore, et nous le regrettons, c'est un
magnifique et glorieux talent épuisé. Une meilleure
cause l'aurait soutenu plus longtemps. M. Laro-
che-Jacquelein aspire à le remplacer, mais il a
beau se démener, il ne sera jamais qu'un parleur
bruyant, se jetant mal à propos et mal pourvu
dans toutes les discussions, que la Chambre n'é-
coutera pas longtemps, si toutefois elle l'écoute
encore. Les légitimistes, privés du brillant orateur, qui était à lui seul tout son parti, ne comp-
tent plus que par leurs boules, et le nombre n'en
est pas grand.

CONCLUSION. — Le parti conservateur seul est
muni de la double force, qui assure le pouvoir :
les principes et le nombre. Il a pour chefs des
hommes d'une haute capacité, fermes défenseurs
de ces principes, et déjà vieillis dans la pratique
des affaires.

Le centre gauche est peu nombreux. Il n'a
d'autres principes que de vaines idées de fusion
des partis, des compromis impossibles, et des in-

stincts révolutionnaires. La transaction et la *Marseillaise*, voilà son programme; il n'est qu'un démembrement du parti conservateur : qu'il y retourne, il reprendra l'ascendant qui lui manque. Il penche vers la gauche : qu'il s'y laisse tomber, peut-être y trouvera-t-il la consistance qu'il cherche ?

Le côté gauche n'a que des théories vagues de liberté indéfinie, des habitudes enracinées rebelles à toute organisation. Il est parfaitement caractérisé par ces belles paroles de Tacite : *Contumaciâ et inani jactatione libertatis.* Ce parti ne peut être et ne sera jamais que l'opposition.

Le parti radical et le parti légitimiste n'aspirent qu'à détruire, ils n'y réussiront pas : ce sont des partis ruinés, sans influence à la Chambre, sans racines dans le pays.

L'avenir comme le présent appartiennent donc au parti conservateur, si la discipline et l'union s'y maintiennent.

Dans cet état, un changement de ministère est-il probable ? Nous ne le croyons pas. Deux hommes seuls pourraient l'opérer, M. Molé et M. Thiers. Y pensent-ils tous deux ? Nous ne pouvons dire que de M. Thiers, qu'il y travaille, car il ne s'en cache pas, et il fait bien.

M. Molé semblerait s'être retiré pour toujours de la lice politique. Il serait même voué, si l'on en croit quelques bruits, à des idées religieuses, d'un ordre très-éthéré, peu compatibles avec les préoccupations toutes mondaines de l'ambition. Son silence à la Chambre donne quelque crédit à ces rumeurs. Cinq ans déjà passés, il soutint noblement et vaillamment une lutte acharnée; et quoique forcé de céder le champ de bataille, sa retraite eut un certain air de triomphe. Les mêmes combats aussi animés se renouvelleraient; il le prévoit. Les soutiendrait-il avec le même succès? Cela est douteux. Les forces s'usent vite dans les agitations politiques, et les années, sans altérer certaines intelligences privilégiées, leur ôtent cette facilité de mouvements, cette souplesse de ressorts, cette énergie d'action si nécessaires dans les débats de la tribune. Pourquoi se rejeter sur le déclin des ans dans les hasards de la guerre? C'est une grande habileté toujours, que de savoir faire à temps sa retraite : ce serait ici, clore dignement une vie politique, qui a eu moins d'éclat que de circonspection rare et de prudence opportune.

M. Thiers inspire peu de confiance aux conservateurs à cause de ses instincts révolutionnaires, et à la gauche à cause de ses idées d'ordre et de gouvernement. La gauche pourtant ne serait pas éloignée de quelques concessions; ses idées sont inconciliables avec l'esprit de gouvernement; mais elle les modifierait. Son austérité n'est pas inébranlable, si l'on en juge par de certaines appétences, qu'elle a plus d'une fois laissé voir. Le pouvoir est un fruit savoureux, qui aurait pour elle les charmes de la nouveauté. Elle voudrait y goûter, ne fût-ce qu'un moment; nous croyons que sa pruderie se ferait solliciter, plus ou moins longtemps, mais à coup sûr elle finirait par une honnête composition. Le parti conservateur, au contraire, opposerait, nous en sommes convaincus, une résistance invincible. Il a cédé une fois dans des intentions pures. Ces intentions ont été méconnues, et ses concessions n'ont servi qu'à jeter dans ses rangs des germes de désunion, que l'action fortifiante de quatre années n'a pu complétement détruire : il ne retomberait pas dans une faute si déplorable et qui a été si difficile à réparer.

Sans M. Molé, sans M. Thiers, il n'y aurait de possible qu'un de ces ministères anonymes, sans chef, et par conséquent sans direction ferme; qui n'inspirent aucune confiance, parce qu'on ne croit pas à leur durée; qui laissent flotter les rênes du pouvoir, qui penchent à droite ou à gauche, selon le vent qui souffle, jusqu'à ce qu'une rafale inattendue les fasse disparaître.

— L'existence du ministère ne peut plus être mise en question. Il s'est trouvé naguère, par suite de complications extérieures, dans une crise pleine de périls; il en est sorti heureusement et glorieusement. L'affaire de Taïti a reçu une solution telle, que les scrupules les plus excessifs d'honneur et de dignité nationale se trouvent des deux côtés pleinement satisfaits. Deux vigoureux coups de main, à Tanger et à Mogador, et la victoire de l'Isly ont eu raison de l'entêtement fanatique de l'empereur de Maroc, affermi notre domination en Afrique, et prouvé qu'il y avait une admirable entente d'énergie guerrière, de bravoure héroïque entre notre marine et notre armée.

Nous savons bien que la presse démagogue et celle de l'opposition mettront en œuvre toutes les suppositions misérables, tous les sophismes, tous les mensonges, pour atténuer la grandeur de ces résultats; mais les faits sont là avec leur éloquente et frappante vérité, et le canon des Invalides a d'avance étouffé, de son retentissement glorieux, *les insolentes clameurs.*

Ces périls vaincus, ces grandes difficultés aplanies, rien ne s'oppose plus à ce que la France s'avance avec sécurité dans une carrière de progrès en tous genres, de puissance et de prospérité sans limites. Tout s'y prête et l'y pousse. L'admirable intelligence de la nation et sa rare aptitude à toutes choses : la fécondité si diverse, la richesse inépuisable du sol; des institutions excellentes, d'où la liberté sort à pleines mains, qui encouragent, qui excitent, et qui n'entravent que la licence; les ennemis de ces institutions diminuant tous les jours sous l'influence continue et active de leur impuissance, de leurs échecs réitérés, et du décri public; enfin le chef auguste, qui préside à nos destinées, et les tient en ses mains puissantes, ce prince venu si à propos pour son siècle et pour son pays, qui dès son jeune âge apprit la sagesse à la rude école de l'adversité; à qui nulle épreuve n'a manqué, et qu'aucune n'a pu vaincre :

> Multorum providus urbes
> Et mores hominum inspexit, latumque per æquor
> . . . . Aspera multa
> Pertulit, adversis rerum immersabilis undis.

Génie vaste et pratique, intelligence active et féconde, clémence inépuisable, volonté persévérante, poursuivant sa tâche immense, pleine d'obstacles, de périls, de mécomptes, avec cette inaltérable sérénité que donnent la force et la conscience d'une haute mission.

Paris. — Imprimerie de SCHNEIDER et LANGRAND, rue d'Erfurth, 1.

www.ingramcontent.com/pod-product-compliance
Lightning Source LLC
Chambersburg PA
CBHW052058270326
41931CB00012B/2809